CW01572224

COLECCIÓN
LA MUCHACHA DE DOS CABEZAS

PARÍS EN TENSIÓN

URBANISMO E INSURRECCIÓN EN LA CIUDAD DE LA LUZ

ERIC HAZAN

Traducción de Sara Álvarez Pérez

errata naturae

PRIMERA EDICIÓN: octubre de 2011
TÍTULO ORIGINAL: *Paris sous tension*

© La Fabrique-Éditions, 2011
© de la traducción, Sara Álvarez Pérez, 2011
© Errata naturae editores, 2011
C/ Río Uruguay, 7, bajo C
28018 Madrid
info@erratanaturae.com
www.erratanaturae.com

ISBN: 978-84-15217-11-4
DEPÓSITO LEGAL: S. 1.216-2011
DISEÑO DE PORTADA E ILUSTRACIONES: David Sánchez
MAQUETACIÓN: Natalia Moreno
IMPRESIÓN: Kadmos
IMPRESO EN ESPAÑA − PRINTED IN SPAIN

Índice

Mi más sincero agradecimiento a Razmig Keucheyan por su fiel y cuidadosa lectura del manuscrito, y a Jean Morisot, quien lo dejó en perfecto estado de revista.

«¡POR DESGRACIA, EL VIEJO PARÍS desaparece con una rapidez aterradora!». Balzac lo escribió al comienzo de *Los pequeños burgueses* a propósito del torniquete de Saint-Jean, «ingenuo detalle» que ya no existía más que sobre el cartel de un comerciante de vinos. Baudelaire, algunos años después, cruza el barrio de Carrusel en demolición: «El viejo París terminó (la forma de una ciudad / cambia más aprisa, ¡ah!, que el corazón de un mortal)». Podríamos continuar lamentándonos, con los surrealistas horrorizados ante el avance del bulevar Haussmann, que destruyó los pasajes de Thermomètre y de Baromètre, su feudo, de los que ya no quedan más que las fotos de Marville; o con Jean-François Vilar, maestro de la novela negra, que hace de la destrucción de la estación de la Bastilla y del cine Paramount el melancólico decorado de *Bastille Tango*; o con Guy Debord en *Panegírico*: «Quien ve las orillas del Sena ve nuestras penas: ya no quedan más que las columnas caídas de un hormiguero de esclavos motorizados».

Los textos reunidos en este libro no siguen esta línea, sea cual fuere su grandeza. Quizá precisamente no es de grandeza de lo que se trata, ni de lamentos (ningún «¡Por desgracia!»); ni mucho menos de ese sentimiento bobo que es la nostalgia. A pesar de la variedad de los temas —históricos, literarios, urbanísticos, coléricos— es posible, siendo indulgentes, encontrarles una coherencia propiamente política. Tengo la convicción de que París sigue siendo lo que ha sido durante más de dos siglos: el gran campo de batalla de la guerra civil en Francia entre aristócratas y *sans-culottes* —y poco importan los nombres que les podamos dar hoy—. Es cierto que, *por el momento*, este campo de batalla se reduce a algunos lugares emblemáticos, como Barbès, Belleville, la estación de París Norte. Pero si vamos más allá de la circunvalación[1] de Georges

---

[1] Se trata del Boulevard péripherique, a menudo designado por los parisinos como «péripherique» (como hace a menudo el propio Eric Hazan) o simplemente «périph». Es, efectivamente, la vía que, con sus 35,04 km, circunvala París y lo separa de los municipios limítrofes. Traduzco aquí por «circunvalación» a secas, ateniéndome a su función más evidente. Pero ello no debe llevar al lector a perder de vista su segunda función, más controvertida, y que el nombre francés sí pone de relevancia: la de separar centro de periferia, lo que la hermana de algún modo a las antiguas murallas de la ciudad (N. de la T.).

Pompidou (¡qué presciencia tuvo este apoderado de la banca Rothschild!), entonces, ¡qué bella perspectiva de las subprefecturas quemadas y de inaceptable subversión! «No he escrito este libro para mis mujeres, mis hijas o mis hermanas», escribe Baudelaire en un proyecto de prefacio para *Las flores del mal*. Con total humildad, yo diría exactamente lo contrario, y añadiría que los que critican sin intentar destruir son los mismos de los que se ríe Robespierre, los que quieren «una revolución sin revolución».

ALGUNAS ARRUGAS DE MÁS

PARA COMPRENDER LO QUE HA CAMBIADO París en los últimos diez años, haría falta regresar después de una larga ausencia. En vez de eso, en este tiempo no he abandonado la ciudad más que durante breves estancias, aunque la veo cambiar como quien observa cada día las arrugas en los ojos de un rostro amado. Y es que el París de intramuros se ha convertido en una ciudad de evolución lenta. Hace falta mucho tiempo para que en un barrio los cafés cabilios se transformen en bares de moda, para que las tiendas de ropa chinas ganen una o dos calles, o para que la renovación, como ellos dicen, empuje a los pobres un paso más allá de la circunvalación.

Las transformaciones físicas de París pueden leerse como una lucha incesante entre el espíritu del lugar y el espíritu del tiempo. Sirva como ejemplo la plaza sin nombre formada por la ampliación de la calle de Mouffetard, en la zona de la iglesia de Saint-Médard. Allí, los viejos colmados, los puestos callejeros, los árboles inmensos que proyectan su sombra sobre el pórtico de la iglesia, los restos del pequeño cementerio donde se agolpaban los convulsos sobre la tumba del diácono Pâris bajo el reinado de Luis XV[1], dos grandes cafés, uno frente a otro: todo este hacinamiento de épocas, estilos y acontecimientos le imprime a la plaza un carácter que no se puede comparar a ningún otro. Los parisinos de siempre saben que por allí, bajo sus pies, pasa el Bièvre, en su descenso hacia el Jardin des Plantes, y que de este lugar salía la gran carretera hacia Italia. Espíritu del lugar, sí, pero también el espíritu del tiempo ha logrado anotarse un tanto: el centro de la plaza está ocupado por un enorme parterre florido con una fuente en el medio. La acción conjunta de Obras Públicas y de la Dirección de Zonas Verdes ha intentado lo imposible: transformar esta plaza en una de las miles de rotondas que adornan las carreteras francesas.

El respeto por el espíritu del lugar no tiene nada que ver con la triste idea de patrimonio, al igual que la desconfianza respecto al espíritu del tiempo no significa el re-

---

[1] François de Pâris (1690-1727), diácono jansenista. Sus partidarios acudían a su tumba en el cementerio de Saint-Médard, donde eran protagonistas de convulsiones extáticas (N. de la T.).

chazo de lo contemporáneo. A lo largo de los últimos veinte o treinta años, ciertas implantaciones han conseguido, además, crear un nuevo espíritu del lugar: la pirámide de Pei le ha dado vida al patio del Louvre de Napoleón III, antaño garaje polvoriento para los conservadores del museo, y no muy lejos de allí se ha organizado todo un barrio nuevo, con sus defectos y virtudes, alrededor de Beaubourg. (No digo «Centro Pompidou», porque Pompidou tenía un gusto artístico deplorable —con un despacho decorado por Agam— y además se opuso al proyecto de Piano y Rogers, que fue adoptado gracias al contumaz presidente del jurado, el gran Jean Prouvé).

A la inversa, por así decirlo, el encanto de ciertos lugares se ha disipado después de diez años sin cambios en el decorado histórico. En la plaza de Saint-Sulpice, el Café de la Mairie solía ser un agradable establecimiento donde tomar un café al despuntar el día —además, allí escribí un pasaje de *La invención de París* [2] sobre la propia plaza, en homenaje a Georges Perec, quien la eligió para su *Tentativa de agotar un lugar parisino*—. El marco es más o menos el mismo, pero ahora evito el lugar por su clientela, compuesta de turistas *chics* y damas elegantes que descansan después de sus compras en las tiendas cercanas. Evitarlo, sí, pero ¿adónde ir? La respuesta no es simple, por lo escaso de terrazas interesantes en la histórica *rive gauche*.

[2] Eric Hazan, *L'invention de Paris*, París, Éditions du Seuil, 2002.

Entre los agentes activos del deterioro urbano de estos diez últimos años en París pondría en primer lugar a la Dirección de Zonas Verdes. La «vegetalización» —es su palabra— es un proceso rampante en todos los barrios, que afecta a lugares que pedían tan sólo que los dejaran en paz. En el trayecto desde el antiguo muro de los Fermiers Généraux, los bulevares de Rochechouart y de Clichy —de Barbès a la plaza de Clichy, pasando por Pigalle y el Moulin Rouge— estaban divididos por un terraplén central que servía unas veces de garaje, otras de campo de fútbol para los chavales del barrio, otras como lugar donde beber una última lata de cerveza en un banco, frecuentado sobre todo por turistas de Europa del Este que salían de los *sex-shops* o de los kebabs vecinos. En resumen, un espacio baldío, como los que hacen falta para oxigenar la ciudad. Pero al Ayuntamiento de París no le gustan los espacios baldíos. A lo largo de todos estos viejos bulevares ha colocado plantaciones: en el interior de una valla metálica, esas plantas de una fealdad particular que encontramos por todo París, seleccionadas para no florecer jamás y cubrirse rápidamente de un polvo siniestro.

Puede suceder también que la *vegetalización* esté garantizada gracias a arbustos en jardineras o maceteros gigantes, como por ejemplo en la calle de Rosiers, en el antiguo barrio judío del Marais. Ligados al mantenimiento del pavimento con un canal central, estos troncos enclenques le han dado el tiro de gracia a esta calle que conservaba algo, hace ya diez años, de su pasado askenazí-proletario.

Pero no hay que exagerar. Estos últimos años no han conocido un desastre comparable a la destrucción del alto Belleville en los años 60 o a la destrucción de la plaza de la Bastilla por la implantación de la Ópera de Carlos Ott veinte años después. Incluso han visto algunos logros, como el paseo suspendido sobre el antiguo viaducto que conducía a la estación de la Bastilla, o la pasarela de Marc Mimram, que une de manera ingeniosa el Museo d'Orsay y el Jardín de las Tullerías. En realidad, la impresión —muy extendida— de que París ha cambiado mucho en estos últimos tiempos está muy justificada, pero no se ha modificado tanto el marco externo como la manera en que la ciudad es habitada.

Esta evolución tiene una localización precisa. En la *rive gauche* casi nada ha cambiado. Más allá del gran barrio chino del distrito XIII, la población sigue siendo uniformemente blanca y burguesa. Los negros son barrenderos; los árabes, tenderos; a la policía se la ve poco; y las calles históricas están tan limpias como las zonas peatonales de las ciudades de provincia. Simplemente, todo ha envejecido un poco. El simpático mendigo que oficia desde siempre en los cinco metros que van de la librería La Hune, en Saint-Germain-des-Prés, al quiosco de periódicos vecino ahora tiene el pelo cano y lleva gafas para leer los libros que le pasan los libreros. Nada más sucede en la *rive gauche*, mientras que en mi juventud raramente cruzábamos el Sena: la *rive droite* era para nosotros como un desierto lejano. Este lado del río no es más homogéneo hoy que durante las insurrecciones de junio de 1848 o durante la Comuna de 1871. En lo que llamamos, de manera más bien irónica, «los barrios buenos» —al oeste de una línea que va de Les Halles al mercadillo de Saint-Ouen por la calle Poissonnière y el bulevar Barbès—, casi nada ha cambiado en diez años. Batignolles, la explanada de Monceau, el arrabal de Saint-Honoré, Auteuil y Passy dormitan apaciblemente. La avenida de los Campos Elíseos ha evolucionado a peor —escribí durante los últimos años del siglo pasado que evocaba «la sección *duty free* de un aeropuerto internacional, decorado con un estilo entre pseudo-haussmanniano y neobauhaus»: sigue siendo así, pero la categoría del aeropuerto se ha degradado, y ya apenas se puede beber algo más allá de las cadenas de falsas pizzerías, de los auténticos *fast food* o de los cafés decorados en estilo *art-déco* de pacotilla—.

El París popular ocupa el este —el noreste, más bien— de la ciudad. A menudo se oye decir que también se está aburguesando, que los precarios, los pobres, los inmigrantes poco a poco se están viendo arrastrados por la progresión irrefrenable de los intelectuales, artistas, diseñadores, periodistas y fotógrafos, que cultivan en estos barrios su inconformismo de fachada y su antirracismo benigno, mientras suben los alquileres. Esta opinión es matizable. Es cierto que determinados lugares, antaño poco frecuentados, se han convertido en los puntos de encuentro nocturnos de una juventud más o menos dorada: las orillas del canal de Saint-Martin, los alrededores de la plaza Gambetta, la calle de Oberkampf en el cruce con Saint-Maur. En este preciso lugar, asistí hace quince años al comienzo de un fenómeno: en dicho rincón, entonces perdido, un antiguo «bougnat» —antes llamábamos así a los comercios de bebidas regentados por auverneses donde se despachaban también madera y carbón en el piso de arriba— fue transformado en un café *chic*, el Café Charbon y, tras su éxito, los bares proliferaron hasta invadir la calle de Oberkampf y la de Saint-Maur, a lo largo de cien metros de un lado y otro. También es cierto que las calles muy pobres y deterioradas de hace diez años, como la calle de Myrha o Doudeauville, al norte de la Gota de Oro, se van renovando progresivamente, lo que ha llevado a la expulsión de su frágil población de africanos, habitualmente sin papeles ni trabajo.

Pero, afortunadamente, el París popular resiste bastante mejor de lo que se cree. Los chinos de Belleville, los árabes de la Gota de Oro, sostenidos por sólidos negociantes argelinos propietarios de sus locales, los turcos del mercado de la puerta de Saint-Denis, los africanos del mercado de Dejean (recientemente amenazado, es cierto), los ceilandeses y pakistaníes de la zona de Saint-Denis cerca de La Chapelle, todos estos acogedores enclaves aguantan bien e incluso ganan algo de terreno por aquí y por allá. Además, la presencia en las mismas calles de negros, árabes y jóvenes blancos proletarizados y con trabajos precarios tiende a crear vínculos, en concreto para hacer frente a una presión policial mucho más intensa que hace diez años. La expulsión de los africanos sin papeles que organizaron una huelga de hambre y ocuparon la iglesia de Saint-Bernard en la Gota de Oro suscitó en 1996 una inmensa indignación, hoy diluida por la oleada de detenciones, redadas y expulsiones que son el pan nuestro de cada día en los barrios populares parisinos. Pero las acciones que se llevan a cabo en común van creando poco a poco una nueva situación, sobre todo desde que en octubre y noviembre de 2005 los motines de la juventud ultraperiférica obligaron al Gobierno a declarar el estado de emergencia, lo cual no había sucedido desde la guerra de Argelia.

Estos motines provocaron, entre otras cosas, que volviese a surgir una antigua pregunta: ¿cómo acabar con la escisión entre París y sus barrios periféricos? Esta cuestión, sin duda, les parecería extraña a los ingleses, acostumbrados desde hace mucho tiempo a conocer un Gran Londres que se extiende hasta el mar. Y es que París ha crecido de forma muy diferente a Londres: de la muralla de Felipe Augusto (1165-1223) hasta la circunvalación de Georges Pompidou (1911-1974), la ciudad se ha desarrollado en capas concéntricas, como una cebolla, al ritmo de sus sucesivas murallas. Y ahora es una ciudad material y administrativamente cerrada sobre sí misma que trata de abrirse, como siempre ha sucedido en su historia, cuando la última muralla construida constituía un corsé demasiado apretado.

Durante los últimos años, esta apertura de París hacia sus barrios periféricos se ha producido sobradamente por el lado oeste, a lo largo de un gran arco que va desde Levallois —antaño feudo de los vehículos de ocasión, y rico hoy en sedes sociales de multinacionales del mundo del espectáculo y del armamento— hasta Vanves y Malakoff. A lo largo de este arco, las condiciones geográficas y sociales eran favorables. La zona de transición que forman los bulevares de los mariscales y la periferia no está desarticulada —podemos cruzarla a pie sin jugarnos la vida—, y de un lado y del otro la población es homogénea, blanca y bastante acomodada.

Todo funciona de otra manera en el lado este. Hacia el año 2000, escribí que «haría falta un Victor Hugo para establecer el paralelismo entre la puerta de la Muette y sus castaños de Indias, suntuoso embarcadero hacia Citerea, y la puerta de Pantin, infranqueable barrera de hormigón y de ruido donde la circunvalación pasa por encima de las cabezas, y bajo la que el bulevar Sérurier queda inmerso en un asqueroso contraste; donde la hierba pelada del terraplén central está plagada de envoltorios de bocadillos y de latas de cerveza, y donde los únicos seres humanos que van a pie son los nativos de Lvov o de Tiráspol, que intentan sobrevivir mendigando en el semáforo»[3]. La situación apenas ha cambiado. La brecha entre París y su periferia permanece abierta en esta zona por razones meramente políticas. La población actual del antiguo «cinturón rojo» de París (desde Ivry y Vitry al sur hasta Saint-Denis y Aubervilliers al norte) se compone mayoritariamente de negros y árabes, los mismos (o sus hermanos) que fueron perseguidos por la renovación y por las subidas de los alquileres. Este proceso encaja bien con esa histórica tendencia de París por la que, desde el Gran Encierro de 1657 que hizo desaparecer a los pobres, los marginales y los locos en las instalaciones del Hospital General, la acción conjunta de urbanistas, promotores y policías no ha cesado de empujar a los pobres, las «clases peligrosas», cada vez más lejos del centro de la ciudad. En estas condiciones, ¿para qué diablos construir el Gran París, con el riesgo de recuperar en la periferia a los que tanto nos ha costado expulsar del centro? A petición del presidente de la República, la flor y nata de la arquitectura oficial ha expuesto recientemente sus proyectos para el Gran París: todos tienen forma de girosco-

---

[3] Ibíd., p. 281.

pio, de centrifugadora. Se trata de hacer girar a los pobres alrededor de la ciudad, a lo lejos, evitando que regresen durante más tiempo del que les exigen sus trabajos de cajeras o vigilantes. Afortunadamente, gracias a la crisis económica, nada de todo eso se llevará a cabo. El Gran París se limitará a un reagrupamiento de las fuerzas policiales: ya se ha decidido que la autoridad del prefecto de policía de París se extienda a todos los departamentos limítrofes. Pero en la historia de París, las decisiones administrativas son una cosa y lo que sucede en la realidad es otra, que puede ser tremendamente diferente. Hace años que comenzó a establecerse una cierta ósmosis entre los barrios populares —de Montmartre a Charonne, pasando por Belleville y Ménilmontant— y los antiguos bastiones proletarios de la periferia adyacente: Gennevilliers, Saint-Denis, Aubervilliers, Les Lilas, Montreuil… Por ambos lados, un sector de la juventud secunda el mismo modo de vida, la misma música, las mismas luchas. Es cierto que para pasar de un lado al otro hay que coger el metro. Pero, como escribió Hugo en *Nuestra Señora de París*: «Una ciudad como París vive en un crecimiento perpetuo», y este crecimiento no lo detendrán los oligarcas.

30 DE MARZO DE 1814,
LA BATALLA DE PARÍS

LA PLAZA DE CLICHY ES UN GRAN cruce parisino de formas imprecisas, centro neurálgico donde confluyen Montmartre, Batignolles y el barrio de Europa. Sobre el terraplén central, un grupo escultórico en bronce hace frente a la circulación que llega desde La Fourche por la avenida de Clichy. Una gran figura femenina, tocada con un sombrero almenado como un castillo, agita una bandera. En el extremo del asta, un águila domina la composición. A la izquierda de esta figura alegórica (¿París?, ¿Francia?), un soldado tendido sobre un cañón que ha perdido su cureña deja escapar su sable de una mano moribunda. A la derecha, un personaje en marcha, con la cabeza descubierta, tiende el brazo izquierdo, como para detener al invasor, y sujeta con la mano derecha la empuñadura de su espada.

Una inscripción en el zócalo indica que este monumento fue erigido por la ciudad de París bajo el mandato de Napoleón III, en memoria de la defensa de París organizada por el general Moncey, el 30 de marzo de 1814, en la barrera de Clichy. El grupo escultórico está datado (1859) y firmado por Doublemard, Premio de Roma de escultura en 1855 y autor, entre otros, del mausoleo de Jean-Baptiste André Godin en el falansterio de Guise.

Puede parecer extraño que el único mariscal del Imperio que comparte con Ney el privilegio de tener su estatua en París (dejando a un lado las de las hornacinas en el ala de Flora del Louvre, en la calle de Rivoli) sea precisamente el oscuro Moncey. Sin duda, el poder quería tener un gesto con los parisinos, que no habían olvidado el terrible tiroteo de los bulevares, ocho años antes, durante el golpe de Estado de Luis Bonaparte. Este monumento estaba ahí para recordarles que ellos también tuvieron su día de gloria en la epopeya imperial —y es verdad que puede haber gloria en la derrota—. A lo largo de la década de 1860, en las localidades de la periferia recientemente anexionadas a París, a varias calles de Montmartre, Belleville o Ménilmontant les darán los nombres de generales y oficiales que dirigieron la defensa sobre estas colinas el 30 de marzo de 1814: Belliard, Clavel, Christiani, Compans, Curial, Meynadier, Ordener, Pelleport, Rébeval, Secrétan, Sorbier…

¿Esta campaña promocional estaba marcada por una suerte de premonición? No pasarán más de doce años entre la inauguración del monumento a Moncey y otra batalla de París, seguida de la segunda capitulación de la ciudad en menos de un siglo. Esta batalla, larga y cruenta, también merecerá una estatua. En la década de 1950, cuando aún se podía ir a recoger fresas salvajes a los alrededores de París, recuerdo que más allá del puente de Neuilly, la carretera nacional 13 dejaba a la derecha las fábricas de aviones y los talleres de reparación de automóviles de Levallois-Perret, y ascendía, recta, por la colina de Courbevoie hasta una rotonda cuyo centro estaba ocupado por un grupo escultórico. Esta obra de Louis-Ernest Barrias (Premio de Roma en 1865) simbolizaba la defensa de París en 1871. Inaugurada en 1883 por Waldeck-Rousseau, entonces ministro del Interior, dio nombre a la rotonda, y después al conjunto del barrio actual. En 1983 fue devuelta a su ubicación inicial, que, evidentemente, ha cambiado bastante. Encaramada a una alta columna de hormigón, sobresale ligeramente de un orificio cuadrado que atraviesa el enlosado de La Défense, por encima de las vías rápidas.

La tercera capitulación de París no tiene ningún monumento que la conmemore. Habría hecho falta, es cierto, mucha imaginación para representar lo que fue una especie de volatilización del ejército y del poder en la semana precedente a la entrada de los alemanes en París, el 14 de junio de 1940: ni batalla ni héroes ni firma oficial. Cuesta imaginarse lo que habría sido una alegoría de la desbandada, ni dónde habrían podido colocarla.

*

En 1814, la frontera oficial de París es el muro de los Fermiers Généraux, muralla fiscal sin función militar. En su parte este y norte, a la que después se enfrentarán los aliados, su trazado coincide hoy con la línea 2, Nation-Étoile, a la altura de Barbès, y sus barreras se corresponden más o menos con las estaciones actuales. Al final del Imperio, el muro apenas había cambiado desde su construcción bajo el reinado de Luis XVI: se trata de una barrera delgada, de tres metros de alto como mucho, donde en ciertos lugares se conservan los agujeros que los parisinos cubrieron con empalizadas ante la proximidad del enemigo. En las barreras, los pabellones de Ledoux fueron tapiados y almenados, y en algunos casos, como la barrera de Clichy, provistos de piezas de artillería.

José, hermano de Napoleón, nombrado lugarteniente general, proclamó el 29 de marzo que defendería París «casa por casa». Los parisinos difunden un cuarteto: «El rey José, pálido y demacrado, / con nosotros pa' salvarnos está. / Y si no nos salvara, ¡gran verdad!, / se salvará él y nos dará de lado». Siendo justos, la tarea no es fácil: entre el muro y el mismo centro de la ciudad, las edificaciones son todavía demasiado endebles para una guerra callejera como la que habían mantenido los franceses en Madrid o Zaragoza unos años atrás. Por el norte, la urbanización se detiene en la calle de Saint-Lazare y la actual calle de Châteaudun, y por el este, apenas sobrepasa la línea de los bulevares del Temple y de Filles du Calvaire. En la ancha zona que hoy forman el barrio de Europa, la estación de Saint-Lazare, el barrio de Saint-Georges, la región de las estaciones de París Norte y de París Este —es decir, una gran parte de los distritos VIII, IX y X—, únicamente hay edificaciones a lo largo de los arrabales. Entre ellos, dispuestos como los radios de una rueda, sólo hay jardines, edificios religiosos y huertos, evidentemente poco propicios para una defensa casa por casa.

Más allá del muro, París está rodeada al norte y al este por la loma de Montmartre, y después por las colinas de Belleville, Ménilmontant y Charonne. En las cimas, pueblos de molineros, viñadores y labradores. Hacia París, las pendientes están sembradas de viñas y árboles frutales, con algunas casas de descanso aquí y allá, y un inicio de urbanización que desciende hacia las barreras: la Courtille (la parte baja de la actual calle de Belleville), Fontarabie (la barrera de Fontarabie está en el extremo de la calle de Charonne) y el Petit-Charonne, alrededor del gran cementerio del Este recientemente construido sobre los terrenos del *père* La Chaise. Esta región de colinas, colmada de obstáculos —muros, setos, viñedos, molinos—, se presta mal a las cargas de caballería y a las maniobras ordenadas: la lucha estará protagonizada por los tiradores.

Entre Montmartre y Belleville, o más precisamente en el valle que se extiende desde la Gota de Oro y las canteras de yeso de Buttes-Chaumont, dos municipios entran en contacto: La Chapelle, que sigue siendo un pueblo de labradores en espera del ferrocarril, y La Villette, recientemente transformado en puerto fluvial gracias a la socavación del gran estanque que recibe el canal de Ourcq. El grueso de las fuerzas rusas y prusianas pasará por esta brecha.

Más allá de las colinas que rodean París y la abastecen de vino, frutas y verduras, los grandes trigales del norte se extienden hasta perderse de vista. Los combates tuvieron lugar en las aldeas, los pueblos aislados —Bondy, Bobigny, Aulnay, Drancy— y, después, más cerca de París, sobre el puente de Saint-Maur, en el bosque de Romainville, sobre las pendientes de Pré-Saint-Gervais… Nombres cargados de historia por varios motivos, sin que se recuerde jamás, que yo sepa, la batalla del 30 de marzo de 1814.

José y su Estado Mayor seguían los movimientos de tropas a lo lejos desde la cima de Montmartre. Para imaginar el campo de batalla hoy, podemos subir a la plaza de Chapeau Rouge, que domina el bulevar de Argelia. En primer plano, tenemos la bajada hacia Pré-Saint-Gervais; a continuación, todo recto, los enormes bloques de pisos de Bobigny. A mano derecha, la meseta de Romainville, todavía boscosa, se divisa fácilmente gracias a la gran torre de televisión. A la izquierda, los techos puntiagudos de los Grandes Molinos marcan la ubicación de Pantin, y la masa colorida de la Ciudad de las Ciencias la de La Villette. En un día claro, podemos distinguir a lo lejos la llanura del Norte, rodeada a la izquierda por el collado del bosque de Montmorency.

*

Tras la catastrófica campaña de Rusia de 1812 y la desastrosa campaña de Alemania de 1813, los coaligados llevan la guerra a Francia en los primeros días de 1814. Ya a finales de diciembre de 1813, el ejército austro-ruso comandado por el príncipe Schwarzenberg entra en Alsacia. El 1 de enero de 1814, el ejército prusiano, reforzado asimismo por divisiones rusas y comandado por el mariscal Blücher, atraviesa el Rin más al norte y alcanza Metz y Thionville.

El 25 de enero, Napoleón reúne al ejército de su última oportunidad en Vitry-le-François: «Reconvertido en plaza fronteriza: tapamos deprisa y corriendo las brechas de sus viejas murallas, y algunos cañones protegieron las barricadas que pusimos delante de las puertas»[1]. Este ejército es tres o cuatro veces menos numeroso que el de los aliados. La caballería del Gran Ejército se ha quedado en las planicies rusas; los soldados son, en su mayoría, inexpertos, y están mal equipados. Pero los generales aliados, que se entienden mal, dejan un vacío de cerca de cien kilómetros entre Blücher al norte y Schwarzenberg al sur. Napoleón se aprovecha del error y, a lo largo del mes de febrero, va a vencerlos alternativamente en una serie de batallas, corriendo del Sena al Marne entre Châlons, Troyes, Château-Thierry y Reims. En la Escuela Militar, Foch, Pétain, Weygand sin duda han estudiado estas maniobras virtuosas que permitieron vencer a los rusos en Champaubert el 10 de febrero, a los prusianos en Montmirail el 11, en Château-Thierry el 12 y en Vauchamps el 14. Le toca luego al ejército de Schwarzenberg adentrarse en el Yonne, en Montereau, en una batalla que dura del 14 al 18 de marzo. Para ayudar a Schwarzenberg, con una retirada difícil en Troyes, Blücher se introduce entonces por el valle del Marne hacia Meaux, pero a comienzos de marzo debe batirse en retirada y se hace fuerte en la meseta de Craonne, al norte de Reims. El 7 de marzo, los rusos que resisten en la meseta se desvían y retroceden a Laon.

[1] Barón Fain, *Souvenirs de la campagne de France, manuscrit de 1814*, París, Librairie académique Perrin, 1914, p. 8. La traducción de todas las citas es mía (N. de la T.).

Sin embargo, el desequilibrio de las fuerzas no permite una victoria decisiva y estas batallas acaban con la resistencia de aquel pequeño ejército. Napoleón intenta entonces, hacia el 20 de marzo, una apuesta estratégica: «Cediendo a la inspiración del genio, inspiración que resultó, sin embargo, funesta», escribe Chateaubriand, «se retira con el fin de alcanzar la retaguardia de las tropas confederadas, separarlas de sus almacenes y fortalecer su ejército con guarniciones de las plazas fronterizas».

Pero los aliados no se dejan empujar hacia el Rin. «Alejandro [el zar, que se ha unido a sus tropas], por uno de esos movimientos del cielo que cambian todo un mundo, toma la decisión de marchar hacia París, cuyo camino había quedado libre»[2]. Abrumados por las derrotas en campo raso, bien informados por los agentes realistas de la situación militar de París, los aliados se reagrupan y arremeten contra la capital. Los cerca de doscientos mil hombres reunidos en Chalons empujan hacia Fère-Champenoise los cuerpos de Marmont y de Mortier encargados de defender el camino de París. El 28 tiene lugar la toma de Meaux, el 29 se cruza el Marne y tres columnas se preparan para asaltar París. Prevenido, Napoleón intenta regresar pero no llegará a tiempo. La batalla final comenzará sin él. «La defensa que Napoleón emprendió alrededor de París fue

[2] Chateaubriand, *Mémoires d'outre-tombe*, París, Gallimard, La Pléiade, t. 1, libro XXII, cap. 10, p. 854.

novelesca», escribe Stendhal al inicio del capítulo 65 de su *Vida de Napoleón*[3]. Y hay mucho de eso, de novelesco, en esta cabalgada violenta desde los confines de la Borgoña hasta Picardía; casi olvidamos la figura del déspota receloso y engreído, rodeado de duques y príncipes empenachados, que había llegado a «olvidar su primera virtud, la de hijo de la Revolución», como dice Stendhal. Corre en su coche de postas, duerme en chozas, charla con los lugareños. En Montier-en-Der, cerca de Saint-Dizier, «pasa la noche recibiendo a los habitantes de los alrededores que vienen a traerle noticias del enemigo. Le llegan de todos lados. Un habitante de Chavange muestra tanto celo y tanta inteligencia que Napoleón quiere hacerle notario, y crea para él una segunda notaría en el cantón»[4].

La noche de la batalla de Champaubert, recibe durante la cena en una casa de campo a los generales enemigos hechos prisioneros durante el combate. En Arcis-sur-Aube, en el momento de llegar a la ciudad, «es desbordado por una multitud de caballerías francesas y enemigas casi confundidas. Toma la espada con la mano, se aparta y se refugia en el cuadro del batallón del Vístula. Las sólidas bayonetas de los polacos detienen a los húsares y a los cosacos […]. Se apresura a Arcis, donde su apasionada caba-

---

[3] Stendhal, *Vie de Napoléon* [1818], París, Payot & Rivages, col. «Petite bibliothèque Payot», 2006, p. 196.
[4] Barón Fain, *op. cit.*, p. 14.

llería ocupa las calles que bajan hacia el Aube. Napoleón pasa por delante de ellos como una bala, los adelanta hasta la cabeza del puente y allí, girándose de repente y encarándolos, grita con voz atronadora: "¿Quién de vosotros lo atravesará antes que yo?"»[5].

Resulta extraño ver a Napoleón, cuando ya está todo perdido, poseído por una locura shakesperiana: «Lucharemos, Caulaincourt, ya que más vale morir sosteniendo el arma que humillarse delante de extranjeros. La toma de París será la señal de la salvación, si se me secunda. Al no tener que ocuparme de nada más, seré dueño de mis movimientos y el enemigo pagará cara la audacia de habernos descubierto en tres marchas [...]. ¡Cuatro horas antes y habría salvado Francia! ¡Un poco de energía y el enemigo estaba perdido! París habría sido la tumba de los extranjeros. Hacen falta tres días para que reúna a mis tropas. ¡Cuántas cosas no sucederán de aquí a entonces!»[6].

*

La noche del 29 de marzo las tropas aliadas están ante París. El flanco derecho —noventa mil prusianos y rusos

---

[5] Henry Houssaye, *1814*, París, Librairie académique Perrin, 1918, p. 307. Real o inventada, la anécdota remite evidentemente al legendario episodio del paso del puente de Arcole, durante la campaña de Italia de 1796.
[6] Caulaincourt, *Mémoires*, París, Plon, 1933, t. III, p. 59.

comandados por Blücher— ha avanzado a través de la llanura de Saint-Denis y está frente a Clichy y Montmartre. Los soldados rusos, divisando a lo lejos la ciudad, «rompieron filas gritando "¡París, París!". Todas nuestras miserias, fatigas, heridas, privaciones, gélidas noches al raso, marchas desde el Dniéper hasta el Sena, parientes y compañeros de armas caídos bajo la metralla, humillaciones a base de derrotas, todo estaba olvidado»[7].

El centro de los aliados —las Guardias rusa y prusiana, cincuenta mil hombres a las órdenes del ruso Barclay de Tolly— está al pie de la meseta de Romainville, única defensa natural de la zona. El flanco izquierdo —treinta mil soldados de Austria y de Wurtemberg— comandado por el príncipe de Wurtemberg, amenaza Charenton y Vincennes. El zar, el rey de Prusia y el príncipe Schwarzenberg tienen su cuartel general en el castillo de Bondy.

París es defendido por los dos cuerpos de Marmont y Mortier, supervivientes de las batallas de la campaña de Francia, que cuentan cada uno con una docena de millares de hombres.

En primer lugar tomaron posesión de las colinas que rodean París: Marmont, trazando un gran arco desde La Villette hasta Montreuil pasando más allá de Belleville y Charonne; Mortier, en línea recta desde Pantin hasta el

[7] Jean Thiry, *La première abdication de Napoléon I*, París, Berger-Levrault, 1948, p. 20.

Posiciones francesas en la mañana del 30 de marzo de 1814

Sena a la altura de Saint-Denis. Por detrás de ellos, las tropas de París, bajo las órdenes del comandante de la plaza, el general Hulin, y doce mil hombres de la Guardia Nacional comandados por el mariscal Moncey. Es sorprendente que una ciudad tan grande haya proporcionado tan débil contingente.

39

La Guardia Nacional de París habría constituido una fuerza real si la hubiéramos organizado antes y si el reclutamiento hubiese sido menos exclusivo. Esta Guardia no fue reclutada hasta el decreto del 8 de enero, la última de todas las de Francia. Semejante retraso denota las prevenciones que el emperador y, sobre todo, sus ministros, tenían contra la milicia parisina, la desconfianza y los temores que les inspiraba a los que habían visto el 20 de junio, el 10 de agosto y el 13 de Vendimiario[8].

Savary, el duque de Rovigo, ministro de la Policía, señala también que habría sido mejor reclutar gente de todas las clases en lugar de limitarse a los que «estarían dispuestos a la vez a defender las murallas y a hacer respetar su domicilio»[9]. En todo caso, estos guardias nacionales, una parte de los cuales sólo está armada con picas, ocupan posiciones de segunda línea, a lo largo del muro de los Fermiers Généraux de Charonne a Étoile.

*

Los parisinos no se dan cuenta de la que se prepara. Los teatros están llenos, el Palacio Real y los bulevares están tan animados como de costumbre. Por supuesto, hay una guerra, pero todos piensan que está lejos. En el *Moniteur*

---

[8] Henry Houssaye, *op. cit.*, p. 421.
[9] Duc de Rovigo, *Mémoires*, París, Bossange, 1828, t. VI, p. 421.

del 28 de marzo, mientras que el general Compans acaba de evacuar Meaux, la última gran ciudad antes de París, leemos: «Noticias del ejército. Doulevant, 25 de marzo. El cuartel general del emperador está aquí: el ejército francés ocupa Chaumont, Brienne; está en contacto con Troyes, y las patrullas se extienden hasta Langres. De todos lados llegan prisioneros; la salud de Su Majestad es muy buena».

En nuestra época, donde los satélites y teléfonos móviles permiten localizar a cualquiera en cualquier lugar, lo que le da a la campaña de 1814 su fisonomía arcaica es precisamente eso: cuando se pierde el contacto —bien entre cuerpos del mismo ejército, bien entre un ejército y el enemigo— ya no sabemos dónde está el otro. Este despiste en medio de la confusión —que tiene nexos comunes con el de Fabrice en Waterloo pero no se confunden— lo volveremos a encontrar en mayo y junio de 1940 cuando, en la huida, los antiguos teléfonos de campaña del ejército francés ya no funcionan y los motociclistas portadores de mensajes se pierden entre los Estados Mayores.

A partir del 28 de marzo, la atmósfera parisina cambia. En las barreras del norte se percibe la afluencia de campesinos, con su ganado y sus carretas llenas de muebles, y de soldados heridos, infantería y caballería mezcladas. La inquietud aumenta, aun cuando los parisinos intentan convencerse de que se trata sólo de escaramuzas con algunas partidas de cosacos. (Si existe un leve rastro de todos estos acontecimientos en la memoria colectiva de los franceses es precisamente el miedo a los cosacos, los cuales, sin embargo, no tuvieron en este asunto más que un papel secundario). Los realistas, aunque tienen emisarios en contacto permanente con los generales y los soberanos aliados, saben que el ejército al completo se aproxima —el Estado Mayor que debería dirigir la defensa de París sólo será verdaderamente consciente de ello al divisar, desde la cima de Montmartre, las masas prusianas y rusas en la llanura del norte—. La agitación realista aumenta: la orden de los Caballeros de la Fe abandona la clandestinidad, distribuye proclamas y cuelga carteles en los barrios elegantes. Su objetivo es llevar a París una operación como la que acaba de triunfar el 12 de marzo en Burdeos, donde un pequeño cuerpo angloportugués llegó para apoyar a los realistas de la ciudad, y donde el alcalde enarboló la enseña blanca al grito de «¡Viva el rey! ¡Vivan los Borbones!».

*

Al abandonar París, Napoleón nombró a su hermano José jefe del Consejo de Regencia. Para defender París, contaba con el apoyo de Clarke, ministro de la Guerra, y de Savary, ministro de la Policía. Estos ministros «mostraron una cierta energía, porque finalmente la atención se volcó sobre ellos y revelaron su ingenio; pero el temor a perder su puesto, y a ser despedidos por el maestro si dejaban escapar cualquier palabra que evidenciase la situación de peligro, hizo de ellos muchas casandras. No se ocupaban de actuar, sino de escribir bellas cartas cuyo lenguaje déspota era cada vez más altanero a medida que el déspota se acercaba al precipicio»[10].

El 28 de marzo, al tener conocimiento de la pérdida de Meaux y de la inminente llegada de los aliados a París, José convocó en las Tullerías —aquella misma noche— un Consejo para decidir si la emperatriz María Luisa y su hijo debían permanecer en París. A las ocho de la tarde se abrió la sesión, presidida por la emperatriz. El rey José, los tres grandes dignatarios (Cambacérès, Lebrun y Talleyrand), Lacépède, presidente del Senado, los presidentes del cuerpo legislativo y del Consejo de Estado, el ministro de Justicia Molé, casi todos los ministros participaron. Una vez que el ministro de la Guerra hubo descrito la crítica situación militar, todos los participantes tomaron la palabra y se declararon uno a uno contrarios a la salida de María Luisa. Savary: «Tomé la palabra, e insistí mucho acerca del peligro que entrañaba el alejamiento de la emperatriz. Apoyé mi opinión principalmente en la buena disposición que sabía que mostraba aquella parte de la

---

[10] Stendhal, *Œuvres intimes*, Gallimard, La Pléiade, t. I, p. 206.

población que menos estimamos, y que es la que nunca escatima en sacrificios»[11].

El propio Talleyrand, quien, según Chateaubriand, evitaba siempre comprometerse «antes del día posterior a los acontecimientos», insistió en el peligro que representaría el abandono de la capital. Sin duda, juzgaba prudente adherirse a la opinión de la mayoría del Consejo, previendo tal vez gobernar durante la minoría de edad del rey de Roma y la regencia de María Teresa. Cambacérès recogió los votos: todos, excepto el de Clarke, eran favorables a la permanencia de María Luisa en París. José, que se abstuvo, sacó entonces de su bolsillo dos cartas que Napoleón le había enviado y que expresaban su voluntad de no dejar que la emperatriz y el rey de Roma cayesen en manos de los aliados. En la primera, con fecha de 8 de febrero, escribió: «Preferiría que degollasen a mi hijo antes que verle en Viena ascendido a príncipe austriaco». La segunda, del 16 de marzo, era aún más categórica: «No debéis permitir que, en ningún caso, la emperatriz y el rey de Roma caigan en manos del enemigo [...]. Si el enemigo avanzase hacia París con tal fuerza que toda resistencia se volviese imposible, haced marchar hacia el Loira a la regente, a mi hijo, a los grandes dignatarios, a los ministros, a los oficiales del Senado, a los presidentes del Consejo de

[11] Duc de Rovigo, *op. cit.*, p. 368.

Estado, a los grandes oficiales de la corona, al barón de la Bouillerie [su tesorero privado], junto con el tesoro. No abandonéis a mi hijo, y recordad que preferiría verlo en el Sena antes que en manos de los enemigos de Francia. La suerte de Astianacte, prisionero de los griegos, siempre me ha parecido la más desgraciada de la historia»[12].

No quedaba más que decantarse: se decidió que la emperatriz abandonase París por Rambouillet al día siguiente por la mañana.

Stendhal y su amigo Crozet asistieron a la marcha de la emperatriz: «Desayunamos en el café de Foy [en el Palacio Real] a las nueve [es Crozet quien escribe]; oímos decir a la gobernanta que el equipaje de la emperatriz iba a salir y que se había trabajado durante toda la noche para cargar los coches. Fuimos a las Tullerías, donde vimos con algo de estupor los furgones abiertos, que estaban siendo cargados bajo las ventanas del rey de Roma; nos acercamos, y encontramos en la escalinata de entrada un coche de seis caballos. Palidez y tristeza en el postillón que conducía los dos primeros. En ese momento, el público, poco numeroso, estaba compuesto de curiosos [...]. Llovía un poco. Vimos pasar por el muelle a dos lanceros rojos que bebían aguardiente y que iban probablemente a batir el camino de Versalles. Finalmente, a las diez y treinta y

[12] Ibíd.

dos minutos, vimos cómo salían quince o veinte coches, escoltados por cincuenta o sesenta granaderos a caballo de la Guardia. En el segundo, de ocho caballos, se encontraban la emperatriz y el rey de Roma, este último a la izquierda, con una levita azul y un sombrero redondo que dejaba ver su cabello rubio, tal y como lo habíamos visto el día anterior, saludando al público al regresar del paseo. El público que estaba en el puente no daba muestras de emoción, no se hacía una idea clara de lo que estaba pasando, no habían tenido tiempo de pensar, como nosotros. [...]. Regresamos a las Tullerías por la puerta del Pont Royal; nuestra atención se intensificó y quedamos a la espera de grandes acontecimientos. Pasamos bajo el peristilo, donde vimos mujeres y ancianos llorando. En el patio, el pueblo se mostraba frío y los hombres bien vestidos parecían muy serios, pero no aterrorizados. La gente rica o bien educada se muestra precavidamente seria»[13].

El cortejo estaba escoltado por mil doscientos caballeros de la Guardia, cazadores, lanceros, dragones y gendarmes. A la partida le siguió una especie de éxodo: durante toda la jornada del 29, desde la barrera de Roule hasta Chartres, el camino quedó cubierto por una gran comitiva de coches de todo tipo donde se hacinaban los notables del Imperio y sus familias.

[13] Stendhal, *op. cit.*, p. 1095.

El mismo día, a las cuatro de la tarde, se podía leer sobre los muros esta proclama:

El rey José, lugarteniente general del emperador, comandante en jefe de la Guardia Nacional.

Ciudadanos de París:
El Consejo de Regencia ha garantizado la seguridad de la emperatriz y del rey de Roma: yo me quedo con vosotros. Armémonos para defender esta ciudad, sus monumentos, sus riquezas, nuestras mujeres, nuestros hijos, y todo aquello que nos es querido. Que esta vasta ciudad se convierta en un campo de batalla durante unos instantes, y que el enemigo encuentre su vergüenza bajo sus muros que espera franquear triunfante.

Comentario de Chateaubriand: «Rostopchín no pretendía defender Moscú: la quemó. José anunció que nunca abandonaría a los parisinos, y se marchó sin hacer ruido, dejándonos su valentía colgada en las esquinas de los muros»[14].

*

[14] Chateaubriand, *op. cit.*, libro XXII, cap. 11, p. 859.

El 30 de marzo, la batalla de París comienza en mitad de la noche. Los relatos de sus contemporáneos, las reconstrucciones de los historiadores hacen de este día un cuadro lleno de oscuridades y de contradicciones, tanto que las operaciones militares se mezclan con los contactos entre generales de ambos bandos a través de emisarios que se abren camino en medio de la metralla. Es una batalla de la que no existe una historia oficial que pueda compararse con lo que se escribió, hace mucho tiempo, sobre Cannes, Wagram o Gettysburg. No hay movimientos de tropas que podamos reflejar en un mapa, pero sí un caos cruento, un tropel indeciso entre el humo, cambios repentinos, generales obligados a defenderse espada en mano, un ejército en el que los veteranos soldados de la Guardia Imperial luchan junto con jóvenes reclutas, civiles, lanceros polacos, mamelucos y alumnos de las Grandes Escuelas.

Antes del amanecer, un millar de hombres —infantería y caballería apoyada por algunas piezas de artillería— sale de Saint-Mandé y sube al asalto de la meseta de Romainville, su bosque y su castillo. Los rusos que ocupan el lugar, sorprendidos por la violencia del ataque, reculan hasta las primeras casas de Pantin. Marmont, que comanda las tropas de este lado del canal, las despliega sobre una línea de Bagnolet a Romainville, con los soldados del general Compans, que ocupan las colinas del Pré-Saint-Gervais, a su izquierda, y los de Rébeval, que resisten en una parte de Pantin. Las tropas del príncipe de Wurtemberg son sometidas por todas partes.

La mañana comienza bien también para Mortier, a la izquierda, al otro lado del canal. La división comandada por Curial apoya a Rébeval en Pantin, el general Charpentier se sitúa en reserva al pie de Buttes-Chaumont, la brigada Secrétan ocupa los extremos de La Villette y La Chapelle; finalmente, la caballería del general Belliard cubre la explanada entre La Chapelle y Saint-Ouen.

A continuación las cosas se ponen difíciles para los franceses, quienes luchan uno contra cuatro. En su flanco derecho, las tropas de Wurtemberg contraatacan, se hacen fuertes en la meseta de Romainville y obligan al general Clavel, que está gravemente herido, a evacuar Pré-Saint-Gervais. Por el lado izquierdo del dispositivo francés, los rusos, comandados por un emigrado francés, el general Langeron, toman Aubervilliers y avanzan hacia La Villette. La Guardia Prusiana cruza el canal de Ourcq y ataca Pantin. El flanco derecho de los prusianos avanza hacia Batignolles y rastrea el Bosque de Boulogne. Pero la situación sigue siendo confusa, nada está perdido aún.

Entonces es cuando José, todavía en Montmartre, decide con Clarke y su Estado Mayor que es el momento de suspender el combate. Envía a los mariscales la siguiente misiva: «Si el señor mariscal duque de Ragusa [Marmont] y el señor mariscal duque de Treviso [Mortier] no pueden resistir más, están autorizados a entrar en negociaciones con el príncipe Schwarzenberg y el emperador de Rusia, que están ante ellos».

Marmont, que recibe el mensaje hacia la una de la tarde, ocupa en ese momento una zona bastante estable, entre Romainville y Les Lilas. Hace llegar una respuesta a José: «Si el resto de la línea no está en peor situación que la nuestra, nada urge a tomar tan fatal decisión». Pero José ha dejado París por Rambouillet, llevando consigo a los ministros y a su Estado Mayor.

Por la tarde, los aliados lanzan una ofensiva sobre toda la línea. Pasan el Marne en Charenton, a pesar de la defensa del puente realizada por los alumnos de la Escuela Veterinaria de Alfort. Montreuil debe ser evacuada y Marmont se encuentra prácticamente cercado.

En ese momento, el enemigo, tras hacer un esfuerzo por su izquierda sobre mi derecha, arremetió contra nosotros […]. Me vi obligado a replegarme y a tomar posición en Belleville. Este movimiento, arriesgado de ejecutar, sobre todo por estar bloqueado desde tan cerca y seguido con vigor por el enemigo, fue además obstaculizado por el paso del desfiladero; asimismo, se vio acompañado de algún desorden [demasiadas obras han tenido lugar desde entonces, en esta zona, para que este desfiladero sea identificable]. Tras quedarme con las últimas tropas, como es mi costumbre en las circunstancias difíciles, mataron a bayonetazos a doce de mis soldados que se encontraban a mi lado, en la misma entrada de Belleville [hacia la puerta de Les Lilas], y me salvé del enorme peligro gracias al coraje del soldado más valiente que jamás haya conocido, el coronel Genheser [...], quien desembocó por la retaguardia de varios batallones de la Guardia Rusa que arremetían ferozmente contra mí junto a un puñado de soldados reunidos a toda prisa, y detuvo a los rusos en su persecución[15].

Un poco más tarde, replegado sobre Belleville:

Inquieto por lo que estaba pasando por la izquierda, en un puesto importante que ocupaba el general Compans [por el lado de las canteras de Buttes-Chaumont], envié a un oficial para que observase el estado de las cosas y me diera cuenta de ello. Regresó inmediatamente y me anunció que el enemigo ocupaba la posición. Corrí para asegurarme. Apenas había dado algunos pasos por la calle principal de Belleville cuando reconocí la vanguardia de una columna rusa que acababa de llegar [viniendo desde abajo, del lado de París, de ahí el riesgo de quedar cercados].

---

[15] *Mémoires du maréchal Marmont, duc de Raguse*, París, Perrotin, 1857, t. VI, p. 243.

No había un segundo que perder. Me decidí a mover en ese mismo instante un puesto de sesenta hombres que se encontraban disponibles. Su debilidad no podía ser percibida por el enemigo en semejante desfiladero. Inicié la carga con este puñado de hombres, con el general Pelleport y el general Meynadier. El primero recibió un disparo de fusil que le atravesó el pecho, a causa del cual, afortunadamente, no murió. A mí me hirieron el caballo y me acribillaron el uniforme. La cabeza de la columna enemiga dio media vuelta. Las tropas vieron entonces la posibilidad de la retirada, y la emprendieron hacia la explanada por detrás de Belleville, donde había entonces un molino de viento.

La carga de Marmont tuvo lugar a la altura de la actual iglesia de Belleville; la explanada en cuestión se sitúa entre la calle de Fessard y Buttes-Chaumont, que se eleva sobre ella; el molino de viento se encontraba en la confluencia de las actuales calles de Fessard y de Préault. Pelleport cuenta en sus memorias: «Congregamos a toda prisa a trescientos jóvenes armados y uniformados que estaban de imaginaria [más que Marmont, pero en cualquier caso no muchos]. Iniciamos la carga, el enemigo reculó y las comunicaciones con la barrera fueron restablecidas. ¡Qué espectáculo! Un mariscal de Francia, dos generales luchando con trescientos jóvenes reclutas por la defensa de la capital del gran Imperio, esto es lo que habríamos podido ver en las calles de Belleville el 30 de marzo de 1814.

Este último combate describe bien la campaña de Francia al completo, y es un digno colofón»[16].

El cerco se rompió, las tropas se retiraron hacia la barrera del Temple [por la calle de Belleville hasta la ubicación del metro de Belleville].

Por el flanco izquierdo de los franceses, la situación no pintaba mejor. Mortier se vio obligado a evacuar La Villette y La Chapelle ante los prusianos y los rusos. Langeron, que había asaltado Montmartre, mal defendido, sólo tiene entre él y París a los Guardias Nacionales de Moncey —que había instalado su cuartel general en un *cabaret* donde Manet pintará, sesenta años después, *Chez le père Lathuille*, tomando como modelos al hijo del dueño y a la actriz Ellen André, para dar una imagen apacible y tierna de la seducción bajo un emparrado—. Los Guardias Nacionales se emboscan por las casas de la avenida de Clichy, y las piezas de artillería instaladas en el tambor de la barrera [plaza de Clichy], de las que se ocupan inválidos, resisten durante un tiempo a los rusos que bajan de Montmartre. «Vimos incluso gente del pueblo que avanzaba sin armas hacia el campo de batalla, recogía los fusiles de los muertos y comenzaba a disparar»[17].

---

[16] Pelleport, *Souvenirs militaires et intimes*, citado en *1814, la Guerre racontée par les témoins*, Pierre Robin (ed.), París, Bernard Giovanangeli, 2004, p. 235.

[17] Diario de un oficial inglés, citado en Henry Houssaye, *op. cit.*

Por el lado opuesto, en la barrera de Trône [plaza de la Nation], la posición es defendida por una treintena de piezas de artillería de las que se ocupan alumnos de la Escuela Politécnica y que están protegidas por un pequeño pelotón de gendarmes. La caballería rusa, procedente de Montreuil, se prepara para hacer pedazos a estos valientes jóvenes —los ingenieros formados en la Escuela Politécnica no siempre han sido los pilares de consejos de administración—. Pero el azar quiso que pasase por allí un general polaco, el valeroso Sokolnicki, que recorrió la línea francesa en toda su amplitud, de civil, con su ayudante de campo.

Llegados a un extremo del arrabal de Saint-Antoine, avistaron un puesto de artillería del que se ocupaba un cuerpo de jóvenes que apuntaban con gran habilidad [la Escuela Politécnica había sido fundada por la Convención para formar artilleros] y luchaban como leones, pero que, al no ser apoyados por nadie, serían hechos pedazos, ya que no parecían dispuestos a rendirse. Lleno de admiración, y sobrecogido al mismo tiempo del sentimiento más doloroso, el general espolea al caballo, y aunque en redingote, sólo con el sombrero de general y el cinturón, toma la responsabilidad de dar órdenes y de hacer que se cumplan. Secundado por su ayudante de campo, reúne a los Guardias Nacionales y a las escasas tropas de línea que puede, se pone a la cabeza, marcha hacia adelante, carga contra el enemigo con una audacia poco común, y es lo suficientemente afortunado como para librar de una muerte segura a esta brillante y valerosa juventud. Los alumnos de la Escuela Politécnica nunca supieron el nombre de su libertador; nunca supieron que le debían su salvación a un extranjero.

*

En París, se oía claramente el ruido del combate. Las balas llegaban incluso a los bulevares, que los paseantes no habían abandonado. Chateaubriand está en el Jardin des Plantes: «Sentí lo que debió de experimentar un romano cuando, desde la cima del Capitolio, descubrió a los soldados de Alarico y la vieja ciudad de los latinos a sus pies, como yo descubrí a los soldados rusos, y a mis pies la vieja ciudad de los galos […]. El pequeño mundo de los cisnes y de las plataneras, al que nuestra potencia le había prometido la paz eterna, se veía turbado. Desde la cima del laberinto, por encima del gran cedro, por encima de los almacenes de alimentos que Bonaparte no había tenido tiempo de alcanzar, más allá de la ubicación de la Bastilla y del torreón de Vincennes (lugares que relataban nuestra sucesiva historia), la muchedumbre miraba los disparos de la infantería en el combate de Belleville. Montmartre ha sido arrebatado: las balas caen hasta en los bulevares del Temple»[18].

[18] Chateaubriand, *op. cit.*, p. 858.

Pero los parisinos no están todos inmersos en semejantes cavilaciones. La renta («el cinco por ciento», préstamo estatal), que ascendía a ochenta y siete francos antes de la campaña, está ahora a cuarenta y cinco francos. Los rentistas no están contentos, pero los que tienen dinero compran títulos a diestro y siniestro, previendo que aumentarán cuando la situación se estabilice, es decir, cuando París haya capitulado. Entre estos agiotistas, encontramos notables del Imperio —Talleyrand, que ganará millones con este negocio, entre otros—, pero también agentes realistas como el abate de Pradt y el duque de Dalberg, y financieros que pronto destacarán entre los liberales: el barón Luis, que será ministro de Finanzas con Luis XVIII, el consejero de Estado Perrégaux, financiero y cuñado de Marmont, el banquero Laffitte, que será uno de los grandes oradores de la oposición liberal bajo la Restauración. La operación es fructífera: el cinco por ciento, en efecto, subirá a sesenta y tres francos a partir de la capitulación.

*

Al final de la tarde, tanto al norte como al este, los aliados habían alcanzado el muro de los Fermiers Généraux, que no era una línea de defensa que pudiera mantenerse. Acerca de las negociaciones que se llevaron a cabo entonces, las versiones son discordantes. Lo que parece claro es que

Marmont, que llevaba consigo el mensaje de José, tomó la iniciativa de enviar a un parlamentario hasta las líneas rusas para solicitar una suspensión de las hostilidades, algo que los generales aliados y el zar Alejandro estaban poco dispuestos a acordar, pues temían que tal cosa permitiese a Napoleón y sus tropas llegar a socorrer París. Alejandro ordenó a su ayudante de campo, el coronel Orloff, que fuese hacia Marmont para negociar la rendición. El mariscal aceptó la discusión, el fuego cesó en toda la línea, y hacia las cinco de la tarde, Marmont y Mortier, que habían ido a buscarle, se encontraron con los emisarios aliados —Orloff, el conde de Nesselrode, el conde Paar y el capitán Petersen, chambelán del zar— en un *cabaret* de las inmediaciones de París, cerca de la barrera de Saint-Denis [plaza de La Chapelle], con un letrero que decía: «El Jardincillo». Nesselrode exigió la total entrega de París a los aliados y el desarme de todas las tropas. Los mariscales se negaron: Mortier quería continuar el combate, Marmont aceptaba la rendición de París pero no el desarme de las tropas. Con prisas por acabar, Nesselrode y Paar fueron a pedir órdenes al zar y a Schwarzenberg, dejando a Orloff como rehén para asegurarse de que los aliados no abrirían fuego antes de su regreso.

A las siete de la tarde, la discusión fue retomada en el mismo lugar. Los aliados aceptaron que las tropas saliesen de París con sus armas, pero pretendían imponer el camino de la retirada: hacia Bretaña, para evitar la confluencia con el ejército de Napoleón. La noche cayó antes de que se llegase a ningún acuerdo, y Orloff propuso permanecer como rehén al lado de Marmont hasta el fin de la capitulación.

Fue entonces cuando tuvo lugar el episodio más extraño de esta historia. Durante la noche se reunieron en el palacete de Marmont, en la calle de Paradis [en el n.º 51 actual, en la esquina con el arrabal Poissonnière], algunos de los políticos más importantes del momento, así como algunos financieros. Se encontraban allí Laffitte, que ejercía de anfitrión, el barón Luis, Perrégaux, Chabrol, prefecto del Sena, Pasquier, prefecto de policía, Bourrienne, antiguo secretario de Napoleón, el abate de Pradt, senadores, diputados, miembros del ayuntamiento, jefes de la Guardia Nacional —muchos agiotistas, muchos partidarios de los Borbones—.

Cuando Marmont hizo su entrada con Orloff, con el brazo izquierdo en cabestrillo —tras el desastre de Arapiles, en España—, el rostro negro por la pólvora, la ropa a jirones, fue ovacionado por su valerosa defensa. La asamblea debatió entonces la necesidad de la capitulación. La mayoría de los asistentes pensaba que la caída de Napoleón era la única salida posible. «Un gran número de amigos míos se había reunido en mi casa», cuenta Marmont:

Hablamos con confianza del estado de las cosas y del remedio que podríamos aportar. En general, todos parecíamos de acuerdo en este punto: que la caída de Napoleón era el único medio de salvación. Hablamos de los Borbones. La voz más enérgica a su favor, la que me causó más impresión, fue la de Laffitte.

Entonces apareció Talleyrand, quien solicitó una entrevista personal con Marmont:

Hablamos largo y tendido sobre la catástrofe. Convine con él, pero sin decir una palabra sobre el remedio a emplear. Buscaba la ocasión de hacer una propuesta; pero aunque presintiese extraños acontecimientos, no podía convenirme contribuir; y desde entonces, quedé a cargo de un secreto. Quería desempeñar mi oficio de manera leal, y esperar del tiempo y de la fuerza de las cosas la solución que la Providencia me daría. El príncipe de Talleyrand, tras fracasar en su intento, se retiró[19].

Durante la noche, el coronel Paar llegó con un mensaje. La capitulación fue firmada por Orloff y Paar de un lado, y por los coroneles Fabvier y Damrémont, ayudantes de campo de Marmont, del otro. El texto, que Marmont había leído en la asamblea, indicaba que las tropas evacuarían París al día siguiente, 31 de marzo, a las siete de la

[19] *Mémoires du maréchal Marmont*, cit., pp. 249-250.

mañana, con sus armas y posesiones, y que las hostilidades no podrían retomarse hasta pasadas dos horas. La
Guardia nacional fue desarmada y la ciudad de París «con-
fiada a la generosidad de las altas potencias aliadas». Durante toda la noche los soldados cruzaron París para salir
por el sur, en dirección a Villejuif y Essonnes.

*

Semejante relato es muy edificante: una resistencia he-
roica, una rendición inevitable y bien negociada, una salida honorable a una lucha excesivamente desigual. En lo
esencial, está basada en las memorias de los principales
protagonistas —Marmont, Savary, Pasquier, Talleyrand—,
que intentan dar la mejor imagen de su actuación. Esta
versión llana es retomada por Henry Houssaye en su *1814*,
y fue plagiada, en ocasiones de forma íntegra, por los que
la han seguido[20]. Hoy se adecúa a la historiografía prepon-
derante, que presenta la Restauración como un regreso
al orden normal de las cosas, la clausura del cruento y la-
mentable paréntesis revolucionario y el inicio de la marcha triunfal del liberalismo.

Sin embargo, al cruzar los relatos de estas horas dra-
máticas, apreciamos el surgimiento de bastantes particu-

---

[20] En particular Thiry, que copia páginas enteras sin cambiar nada.

laridades. Para empezar, al final de marzo de 1814, el regreso de los Borbones al trono era una eventualidad con la que verdaderamente sólo contaban los agentes realistas —mientras que la historia habitual, especie de catálogo de hechos consumados, lo presenta como algo que cae por su propio peso—. Algunas horas antes de la batalla, «vimos pasar», cuenta Stendhal, «a un grupo de gente a caballo, que llevaba enseñas blancas y agitaba pañuelos blancos. Gritaban "¡Viva el rey!". "¿Qué rey?", oí preguntar a nuestro lado. Ya no se pensaba más en los Borbones que en Carlomagno. Este grupo, al que todavía veo, podía estar compuesto por veinte personas, y parecían alteradas. Los dejamos pasar con la misma indiferencia que a un paseante cualquiera. Uno de mis amigos, que se burló de su miedo, me contó que tal grupo se había formado en la plaza Luis XV [de la Concordia] y que no iba más allá del bulevar de Richelieu»[21].

Por su parte, Barras anota en sus memorias: «Yo estaba todavía en Montpellier [regresando de Italia], cuando recibimos *la noticia más sorprendente* sin duda de todas las que habíamos recibido en los últimos veinticinco años: el regreso al trono de la familia de los Borbones»[22]. Además del mantenimiento de Napoleón en el trono, otras salidas se habían previsto, desde la regencia de la emperatriz

[21] Stendhal, *Vie de Napoléon*, cit., p. 202.
[22] *Mémoires de Barras*, París, Hachette, 1896, t. IV, p. 232. La cursiva es mía.

hasta el ascenso de Bernardotte, rey de Suecia, al trono de Francia. Y si al final la suerte cayó sobre ese impotente sin prestigio alguno que llegó a ser Luis XVIII, fue porque el zar Alejandro, «el Agamenón de esta cruzada», como dijo Savary, sería manipulado en su entrada a París por Talleyrand, lo suficientemente hábil como para hacerle establecer el cuartel general en su palacete de la calle de Saint-Florentin, convenciéndolo luego de que había que devolver Francia a sus reyes legítimos.

En la complejidad de los combates y de las negociaciones que marcan la jornada del 30 de marzo, el mariscal Marmont aparece como un personaje contradictorio, casi brechtiano en la fusión de contrarios: héroe de la batalla por un lado, negociador dudoso por el otro. Desde luego, su paso al enemigo, en el Essonne, el 4 de abril —con la abdicación de Napoleón como resultado directo—, lo colocará en la historia como el paradigma del traidor absoluto (durante años se ha dicho «ragusada» para hablar de felonía). Pero desde la batalla de París, podemos desvelar los signos precursores de esta traición. Según uno de sus biógrafos, que lamentablemente no cita sus fuentes de manera precisa, «en su zona, Marmont ordenó el alto el fuego [el 30, hacia el final de la tarde, tras el regreso de los parlamentarios que había enviado del lado de los generales austro-rusos]. En diversos puntos, los soldados se negaron. Para obligarlos, el duque espoleó su caballo hacia Buttes-

Chaumont, donde se encontraban los más indómitos. De lejos, percibió al 30.º dragón y a su coronel, Orderer, que desenfundaban a punto de cargar. Entonces mandó decir a Bordesoulle, divisionario de la caballería pesada, que detuviese el ataque. Bordesoulle corrió hacia Orderer y gritó: "¡El armisticio está firmado! ¡Es inútil derramar sangre!". "¡El armisticio!", bramó Orderer. "¡Sería mejor, mi general, que me entregase a sus coraceros! ¡En dos minutos despejaré la zona!". Girándose hacia sus dragones, levantó el arma y los desplazó, sin escuchar a Bordesoulle, ante los batallones rusos. Una vez que los hubo dispersado, regresó con su regimiento para situarse detrás de su jefe directo, el general Chastel, quien lo felicitó. Marmont llegaba. Enfurecido, gritó: "¿No os habíamos dicho que había armisticio? ¡El combate debe acabar inmediatamente!". "¡Un armisticio!", replicó Chastel. "¿Y para qué? ¡Todavía podemos luchar! ¿Aquí, como en los últimos campos de batalla, hay traición?". Al oír estas palabras, los dragones de Orderer y los soldados de infantería de Vincent añadieron: "¡Sí, sí, queremos luchar!". "General", enunció Marmont, lívido, "se os hará un consejo de guerra"»[23].

Este relato, algo novelesco, concuerda con los detalles mejor fundados. Conciernen en particular a Mortier, al que el relato edificante presenta como la sombra de

---

[23] Robert Christophe, *Les amours et les guerres du maréchal Marmont, duc de Raguse*, París, Hachette, 1955, pp. 214-215.

Marmont a lo largo de estas horas decisivas, mientras que es él quien está al mando del frente, por ser más veterano. Unas horas después de que Marmont hubiera interrumpido el fuego en su zona, los parlamentarios rusos —Paar y Orloff— vienen al encuentro de Mortier y le incitan a deponer las armas y retirarse hacia Rennes.

> El mariscal está indignado, le hierve la sangre, sus expresiones tienen toda la rudeza de los campos. Desmiente la toma del puente [de Neuilly, que habría permitido el paso de las tropas aliadas al lado izquierdo del Sena]. Responde: «Defenderemos París, y si no pudiéramos defenderla, emprenderíamos la retirada delante de ustedes y a pesar de ustedes» […]. Entonces, los dos enviados del emperador de Rusia informan a Mortier de que Marmont ha iniciado la toma de acuerdos con el príncipe de Schwarzenberg. Mortier se encoleriza: quiere dudar, y le dan la prueba de que Marmont ha solicitado negociar[24].

Mortier, como Moncey, no estará por la noche en el palacete de la calle de Paradis en el que se firmará la capitulación. De esa noche, Marmont da, lo hemos visto, una versión edulcorada: una simple reunión de amigos, donde se habla «en confianza» de la situación, donde descarta las proposiciones de Talleyrand. Ni una palabra de la pre-

[24] Pons (de l'Herault), *De la bataille et de la capitulation de Paris*, París, Delaforest, 1828, pp. 236-237.

sencia de oficiales rusos, ni sobre todo de la capitulación de París, acerca de la cual el mariscal lee el texto que él mismo ha redactado, antes de hacérselo firmar, prudencia obliga, a sus ayudantes de campo. Houssaye describe la reunión de manera algo distinta: «Se sabía que el duque de Ragusa trataba con los puestos avanzados acerca de la capitulación de París [...]. Todas las personas que, por su situación o su relación personal con el mariscal Marmont y con la familia de su suegro [su cuñado, en realidad] Perrégaux, creían tener sus contactos en el palacete de la calle de Paradis habían venido en busca de noticias»[25].

Pero otros relatos de esa noche son más turbadores. Pons de l'Herault: «El mariscal Marmont se encargó de redactar los artículos [de la capitulación] tal y como habían sido acordados [oralmente, en El Jardincillo]. La redacción era corta y simple: el mariscal había tenido la suficiente fuerza como para acabarla sobre el campo. Sin embargo, sólo quiso ocuparse de ese trabajo en París. Entra, los representantes de la coalición lo siguen hasta su palacete. Marmont los acoge: los recibe en su mesa, son sus invitados a la velada»[26].

Thiers, en su *Historia del Consulado y del Imperio*, aporta una versión en la que la traición se lee igualmente entre líneas: «Talleyrand fue a casa del mariscal Marmont, quien,

[25] Henry Houssaye, *op. cit.*, p. 533.
[26] Pons (de l'Herault), *op. cit.*, p. 281.

una vez concluida la batalla, se había apresurado para regresar a su residencia, situada en el arrabal Poissonnière. Gentes de todo tipo se habían congregado, buscando un gobierno, y yendo a casa del hombre que en ese momento parecía constituir uno, ya que era el jefe de la única fuerza existente en la capital [...]. Los realistas, que no faltaban en esta reunión, no dudaron en decir que había que liberarse de un yugo insoportable, y pronunciaron osadamente el nombre de los Borbones. Dos banqueros respetables, unidos el uno por parentesco, el otro por amistad, con el mariscal duque de Ragusa, M. M. Perrégaux y Laffitte, llamaron la atención por la viveza de sus palabras [a favor de los Borbones]»[27].

Es difícil imaginar que una asamblea tan numerosa —dignatarios de alto rango, prefectos, financieros, agiotistas, agentes realistas— se haya formado espontáneamente, sin convocatoria ni santo y seña, para venir simplemente a pedir noticias. ¿Quién, entonces, tomó la iniciativa de reunirlos? ¿Y por qué en el palacete de Marmont? —del cual la dueña de la casa (Hortense, la mujer del mariscal) se encontraba ausente, y donde el propio Marmont llegará ya tarde, por la noche—. ¿Cómo es posible que el banquero Laffitte haga las veces de anfitrión, acogiendo a los parti-

---

[27] Adolphe Thiers, *Histoire du Consulat et de l'Empire*, París, Paulin, 1857 (nueva edición), t. VII, p. 821.

cipantes y hablando alto y claro a favor de los Borbones, en presencia de emisarios de las potencias coaligadas contra las cuales acaban de luchar y de perder millares de hombres? ¿Cómo el general que comandó estos combates puede invitar a su mesa a los que van a recibir su capitulación? La respuesta parece clara: esta asamblea se reunió para asegurar que la capitulación fuese lo más rápida posible. Toda consideración acerca del honor y el interés del país —grandes temas en estos medios— queda fuera del orden del día. Unos —Talleyrand, Marmont— temen un regreso a la fuerza de Napoleón, que se encuentra a las puertas de París con su ejército y que no dudaría en hacerles pagar por sus tergiversaciones. Ya se ven encaramados gracias a su traición a lugares destacados en el próximo régimen: los acontecimientos sucesivos les darán la razón. Otros —los realistas— conspiran desde hace meses con las potencias coaligadas. Otros más —los banqueros, agiotistas, el propio Marmont, que sabe la fortuna que va a perder con su proconsulado de Iliria— juegan a hacer subir la renta. En definitiva, todos, sea cual fuere su partido, saben que el tiempo apremia, porque el pueblo de París puede, si se subleva, dar al traste con sus planes.

*

Los contemporáneos afirman que durante la batalla de París, una multitud, en la que abundaban los obreros, se congrega en la plaza Vendôme, ante el palacete del comandante de la plaza de París, y reclama armas. Se les dice que no hay, lo cual es falso: millares de fusiles y centenas de cañones están depositados en los arsenales de Vincennes, pero los responsables de la defensa y del mantenimiento del orden en la capital temen una insurrección popular.

Savary dirige desde hace tiempo la policía imperial y tiene informes que le permiten conocer el riesgo de un levantamiento. En sus memorias, indica cuánto le preocupa esta eventualidad. El 28 de marzo por la noche, una vez que el Consejo de Regencia reunido en las Tullerías hubiera decidido la salida de la reina, «en el momento de separarse, los miembros que componían el Consejo se detuvieron en la sala contigua, lamentando la resolución que acababan de tomar. Varios me dijeron: "Si yo fuera ministro de la Policía, París se levantaría en armas mañana y la emperatriz no se iría". París sin duda estaba dispuesto a levantarse [nota de Savary: "El emperador había sido pertinentemente informado por mí de la disposición de los ciudadanos de París, quienes sólo reclamaban las armas que les negábamos"]. Hasta ese momento no me había dado cuenta que era fácil ponerla en marcha y que eso dependía de mí». Un poco más adelante, precisa por qué no lo hizo: «Suponiendo que hubiese puesto en marcha a lo que llaman vulgarmente "los hombres de la República", ¿qué medios me habrían quedado para prevenir sus diferencias? Este partido era, cuanto menos, *tan peligroso para el emperador como para sus enemigos*. Careciendo de precedentes, me exponía a convertirme en su víctima desde el momento en el que se congregasen»[28].

Es difícil expresar más claramente quién, durante aquellos días, quería combatir y quién tenía miedo. El propio Savary, recorriendo al día siguiente los barrios del este, cuenta: «El arrabal de Saint-Antoine estaba listo para todo menos para rendirse»[29]. En cuanto a Pasquier, prefecto de policía, escribió el 16 de marzo en Montalivet: «Hay que evitar la excitación del pueblo. No sabemos adónde podríamos llevarla. Una vez agitada, sería fácil de arrastrar hacia cualquier facción. Es muy miserable. El populacho más vil, que quizá podríamos conducir en cuarenta y ocho horas hacia el lado del Gobierno, al tercer día posiblemente marcharía en un sentido completamente opuesto»[30].

¿Quiénes son entonces estos ciudadanos de París «que sólo reclaman armas»? ¿De qué se compone este «populacho vil» dispuesto a marchar en sentido contrario al deseado? Son obreros de la construcción en su mayoría, ya que

---

[28] Duc de Rovigo, *op. cit.*, t. VI, pp. 372 y 377. La cursiva es mía.
[29] Ibíd., t. VII, p. 19.
[30] Citado por Henry Houssaye, *op. cit.*

se están realizando grandes obras en París: la perforación del estanque de La Villette y de los canales de Ourcq y de Saint-Denis, la construcción de la calle de Rivoli, de la Bolsa... Proceden sin duda de los que trabajan en las fábricas de muebles del arrabal de Saint-Antoine, los tipógrafos, tejedores, dependientes de comercios, especie particularmente inquieta que apoyará todas las revueltas del siglo que comienza. Y entonces ¿por qué quieren luchar? Es poco probable que tengan en mente defender un régimen que no ha tenido ningún miramiento hacia ellos: las leyes obreras del Imperio son, sin excepción, represivas; los trabajadores no tienen derecho ni a asociarse, ni a cambiar libremente de residencia o de patrón, ni a pedir satisfacción contra su empleador. Después del decreto consular del 9 de Frimario del año XII (1804), todo obrero debe estar provisto de una cartilla expedida y visada por la policía. El patrón puede exigir la entrega de la cartilla y sólo devolverla cuando el obrero haya cumplido con sus compromisos o devuelto los anticipos. El obrero que se desplaza sin cartilla se expone a ser detenido y tratado como un vagabundo. La jornada de trabajo en la construcción comienza a las seis de la mañana y termina a las ocho de la noche. La pobreza, que se expande desde finales de 1810 con el paro y la crisis, es un delito: el que cae en la pobreza acaba en un «depósito de mendicidad».

Podemos entonces pensar que los que reclaman fusiles a gritos bajo las ventanas del gobernador se burlan de la salvación del Imperio. La explicación de su brío la podemos encontrar en Walter Benjamin, en la sexta de sus *Tesis sobre el concepto de historia* [31]: los obreros parisinos «se adueñaron de un recuerdo, tal cual surgió en el instante de peligro». Este recuerdo es el de los levantamientos en masa y las victorias de la Revolución, y también el de la traición termidoriana. Los que tenían veinte años en Jemappes, los jóvenes que encabezaron las revueltas del hambre en el arrabal de Saint-Antoine en Pradial año III, tienen todavía edad de luchar en 1814. Los más ancianos les han contado a sus hijos estas historias, cuyo recuerdo puede haberles surgido en el momento de peligro. A lo largo del proceso de los Quince, en 1832, Blanqui retomó este tema ante los jueces: «¿No era el pueblo quien prefería morir, en 1814, antes que ver al extranjero en París? Y, sin embargo, ¿qué necesidad material le empujaba a este acto de abnegación? Había pan el 1 de abril, como el 30 de marzo. Estos privilegiados, por el contrario, a los que se supone tan sensibles a las grandes ideas de patria y de honor en razón de la exquisita sensibilidad que le deben a la opulencia, que habrían podido al menos calcular mejor que otros las funestas consecuencias de la invasión

---

[31] Walter Benjamin, *Œuvres*, París, Gallimard, Folio essais, t. III, 2000 [1940].

extranjera, ¿no son los que han enarbolado la enseña blanca en presencia del enemigo y han besado las botas de los cosacos? [...]. El pueblo nunca ha reconocido a los Borbones; ha incubado su odio durante quince años, ha madurado en silencio la ocasión de vengarse. Y cuando su mano poderosa se ha sacudido el yugo, ha creído al mismo tiempo romper en pedazos los tratados de 1815. Y es que el pueblo es más profundamente político que los estadistas; su instinto le decía que una nación no tiene futuro cuando su pasado está manchado de una vergüenza que no ha sido lavada»[32].

[32] Auguste Blanqui, *Maintenant, il faut des armes*, Dominique Le Nuz (ed.), París, La Fabrique, 2007, pp. 74-75.

EL SOMBRÍO PARÍS DE
LAS FLORES DEL MAL

SI ALLÍ SE ENCUENTRAN *PIEDRAS INAUDITAS, inmensos espejos deslumbrantes, abismos de diamante,* y la evocación de las ciudades antiguas con, como lo vio Proust, «el color escarlata que le dan, aquí y allá, a su obra», *Las flores del mal* son, ante todo, parisinas. Y si Baudelaire no optó por este título propuesto por su amigo Babou, habría podido elegir «Cuadros parisinos», nombre que le dio al conjunto de dieciocho poemas que se abre con «Paisaje», en el que contempla desde su buhardilla «las chimeneas, los campanarios, esos mástiles de la ciudad», y que se cierra con el viento glacial del «Crepúsculo vespertino»: «La aurora aterida, vestida de rosa y verde, / avanzaba lenta, sobre el Sena desierto, / y el sombrío París, frotándose los ojos, / empuñaba sus útiles, anciano laborioso».

En cambio, no encontramos en *Las flores del mal* más que un lugar parisino nombrado y descrito concretamente: el Carrusel, este extraño barrio que se extendía entre el Louvre y la cancela de las Tullerías, «inextricable revoltijo de cabañas de madera y de casas de adobe derruidas, caravasar de baratillo», como dice Delvau[1]. En términos semejantes evoca Baudelaire, en «El cisne», «el nuevo Carrusel», «… todo este campo de cabañas, / este montón de capiteles esbozados y de fustes, / la hierba, los grandes bloques reverdecidos por el agua de los charcos, / y, brillando en las baldosas, este batiburrillo confuso».

El ave que le da título al poema («Un cisne escapado de su jaula…»), si bien es una evidente alegoría, no tiene nada de abstracción: en la guía Joanne de 1870, se le considera «una feria perpetua de curiosidades, de chatarra vieja y *de aves vivas*». Los canarios y las ocas enjaulados en el muelle de la Mégisserie son, al fin y al cabo, lo que queda del antiguo Carrusel, y si Baudelaire eligió este barrio es justamente porque está desapareciendo y porque inspira, en su decrepitud, estos versos mil veces citados: «El viejo París terminó (la forma de una ciudad / cambia más aprisa, ¡ah!, que el corazón de un mortal)».

Con esta notable excepción, no encontramos en *Las flores del mal* ninguna dirección —ni tampoco ninguna

[1] *Les dessous de Paris*, 1865.

fecha, como señaló Proust, para quien «el mundo de Baudelaire es una extraña escisión temporal donde sólo aparecen escasos días notables; esto explica las frecuentes expresiones tales como "Si un día", etc.»[2]—. Pero esta forma deliberada de no situar nada no conduce, sin embargo, a una evocación estilizada, elegíaca o vaporosamente lírica: lo que le da su impronta al París de Baudelaire es, muy al contrario, la extrema precisión. No tiene miedo —por este motivo y por otros no carentes de provocación— de utilizar un vocabulario sin precedentes en la poesía, como afirmó Walter Benjamin, quien fue, con Proust, su lector más perspicaz: «Retoma numerosas alegorías, pero transforma radicalmente su carácter gracias al contexto lingüístico en el que las sitúa. *Las flores del mal* es el primer libro en el que se utilizan términos de procedencia no sólo prosaica, sino también urbana, en la poesía lírica. No evita para nada los neologismos que, desprovistos de pátina poética, impresionan la retina con su novedoso resplandor. Aparecen el quinqué, el vagón y el ómnibus, no retrocede ante factura, farol, carretera. Así se crea el vocabulario lírico en el cual, bruscamente, surge una alegoría que nada predice»[3].

[2] «À propos de Baudelaire», *NRF*, 1 de junio de 1921, último texto de Proust antes de su muerte. («Proust fue un incomparable lector de *Las flores del mal*; intuía en la obra una empresa semejante a la suya», escribió Walter Benjamin en *Charles Baudelaire, un poète lyrique à l'apogée du capitalisme*, trad. fr. Jean Lacoste, Payot, 1982).

[3] *Charles Baudelaire...* (*op. cit.*).

Y se podría añadir: así se elabora, de lejos, esta «prosa poética, musical, sin ritmo y sin rima», que será la de *El* spleen *de París*.

Entre el París de *La comedia humana* y el de *Las flores del mal*, los escasos veinte años que transcurren son los de la Revolución industrial en Francia. Sin embargo, la ciudad baudelariana no es todavía la ciudad «moderna» con sus «obeliscos de la industria vomitando contra el firmamento sus coaliciones de humo», como se dice en el *Salón de 1859* a propósito de Méryon. En el París de Baudelaire, en la «profundidad de perspectivas, aumentada por la idea de todos los dramas que allí se contienen», queda mucho de la ciudad medieval, la de Méryon, precisamente. Queda el barro, el célebre barro parisino en los arroyos en medio de las calles (uno recuerda la primera página de *Papá Goriot*: «… entre la loma de Montmartre y la colina de Montrouge, en este ilustre valle de cascotes a punto de derrumbarse constantemente y de arroyos negros de barro…»). Encontramos barro casi a cada paso en «Cuadros parisinos»: «Entre la nieve y el barro andaba a trompicones, / como si aplastase muertos bajo sus zapatos…». O también: «¡Oh, finales de otoño, inviernos, primaveras caladas de lodo, / soporíferas estaciones!»[4].

---

[4] «Los siete ancianos» y «Brumas y lluvias».

Y podríamos decir que está ahí, implícita, en los poemas que tienen como tema el otoño: «Pronto nos hundiremos en las frías tinieblas; / ¡adiós, viva claridad de nuestros cortos estíos! / Ya escucho caer con resonancias fúnebres / la leña que retumba sobre el empedrado de los patios»[5] . Puesto que a menudo se trata de un otoño glacial y húmedo: «Pluvioso, irritado contra la tierra entera, / de su urna, en grandes oleadas, vierte un frío tenebroso / sobre los pálidos habitantes del cementerio vecino / y la mortandad sobre los arrabales brumosos»[6].

De la ciudad medieval persiste también la oscuridad nocturna. Desde luego, en el transcurso de los largos años de trabajo en *Las flores del mal*, París transita lentamente de las lámparas de aceite («Bajo sucios techos una fila de pálidos candiles / y enormes quinqués proyectando su resplandor») al gas, que surge en los bulevares y se generaliza en la década de 1850 («Cuando contemplo, bajo la luz de gas que le da color / tu pálida frente, embellecida por una morbosa atracción»[7]). Pero los barrios pobres, los arrabales, quedan lejos de la Ciudad de la Luz. Allí, por la noche, «a través de las luces atormentadas por el viento, / la prostitución se enciende en las calles…». Y hacia el final de «Brumas y lluvias», «nada es más dulce para un corazón lleno

---

[5] «Canto de otoño».
[6] «Spleen».
[7] «El juego» y «El amor de la mentira».

de cosas fúnebres / y sobre el que hace tiempo se posa la escarcha, / ¡oh, pálidas estaciones, reinas de nuestros climas!, / que el aspecto permanente de vuestras pálidas tinieblas / —si no es, en una noche sin luna, el uno junto al otro, / el dolor adormecido sobre un lecho cualquiera».

Esta visión de pálidas tinieblas, de niebla y de lluvia, «donde en largas noches la veleta enronquece», ¿cómo conciliarla con la del dandi Baudelaire? Y es que en él la palabra *dandi* tiene, al menos, dos significados. Por un lado, el provocador indumentario (el fantástico traje negro «cuyo corte impuesto al sastre contradecía insolentemente la moda»[8]) y aforístico («El dandi debe aspirar a ser sublime sin interrupción, debe vivir y dormir delante de un espejo», o bien, más extraño aún: «Eterna superioridad del dandi. ¿Qué es un dandi?»[9]). Por otro lado —y Baudelaire siempre ha reivindicado el derecho a la contradicción— «la palabra dandi implica una quintaesencia de carácter y una inteligencia sutil de todo el mecanismo moral de este mundo»[10].

Baudelaire no busca la inteligencia de este mecanismo moral del mundo en las cervecerías del Barrio Latino ni en los grandes cafés de los bulevares. Allí se le puede encon-

---

[8] Charles Asselineau, *Charles Baudelaire*, París, 1869; reed. Le temps qu'il fait, 1990.
[9] «Mi corazón al desnudo».
[10] *El pintor de la vida moderna*.

trar a menudo, pero se aburre («Yo mismo, en un rincón del antro taciturno, / me vi apoyado, frío, mudo»[11]…). En esta fiesta grande y divertida que es *El taller del pintor* de Courbet, él está presente, por supuesto, pero en un rincón, ensimismado en un libro, solo con su pipa.

El verdadero París de *Las flores del mal* es la calle, que tiene para Baudelaire un doble papel. El primero, y no menos importante, es el de ser el lugar esencial de su trabajo poético. No sólo es que no haya nada en su casa que se asemeje a un escritorio (¿acaso podría tener verdaderamente una casa, aquel que, entre dos mudanzas, señala: «Estudio de la gran enfermedad del horror al domicilio. Razones de la enfermedad. Expansión progresiva de la enfermedad»[12]?). La larga y exigente maduración de sus versos se hace caminando: «…voy a ejercitarme solo en mi caprichosa esgrima, / husmeando en todos los rincones los azares de la rima, / tropezando con las palabras como con los adoquines, / chocando a veces con los versos hace tiempo soñados»[13].

Pero la calle es también el lugar de los encuentros, allí «donde el espectro en pleno día se aferra al transeúnte». En *El pintor de la vida moderna*, Baudelaire afirma que el «enamorado de la vida universal se adentra en la multitud como en un inmenso depósito de energía». Si la palabra

[11] «El juego».
[12] «Mi corazón al desnudo».
[13] «El sol».

misma de multitud no aparece, salvo error, en *Las flores del mal* (a diferencia de en *Pequeños poemas en prosa*), es precisamente en este depósito donde cruza la mirada singular de una mujer galante, la mendiga pelirroja o, en una calle ensordecedora, la fugitiva belleza de la inolvidable transeúnte.

En el tiempo de los «Cuadros parisinos», para «darse un baño de multitudes» había que vagar por los bulevares, entre la Chaussée d'Antin y el cruce de Montmartre —el mismo que cruza Baudelaire «dando saltitos en el barro, a través del caos movedizo donde la muerte llega a galope por todos los lados a la vez...»[14]—. Pero el París baudelariano no se limita a la multitud, a los barrios de moda (se cansará de ellos un día: «Perdido en este vil mundo, codeándome con las multitudes, soy como un hombre hastiado cuyos ojos, al volver la vista hacia los años profundos, no ven más que desilusión y amargura...»[15]). La caprichosa esgrima es un deporte que realiza en solitario, en lo que era entonces la periferia de la ciudad: en los arrabales en el canal de Saint-Martin y el arrabal del Temple sin duda, cuando vivía en la calle de los Marais-du-Temple [Yves-Tourdic] o en la calle de Angoulême [Jean-Pierre Timbaud]; o bien a lo largo del arrabal de Saint-Denis, bajo el humo de los trenes, cuando bordeaba hacia el edificio de la Compañía de Ferrocarriles del Norte. Una cosa es segura: el arrabal es el estrato pa-

[14] *Pequeños poemas en prosa*, «Aureola perdida».
[15] *Cohetes*.

risino donde Baudelaire encuentra a los pobres seres que frecuentan *Las flores del mal*: la negra enflaquecida y tísica de «El Cisne»; el cortejo infernal de los «Siete ancianos»; las sombras arrugadas de las «Viejecitas»; los «Ciegos», cruzando el negro ilimitado; y las pobres, arrastrando sus senos delgados y fríos, y los traperos borrachos, y los viejos vagabundos, enfangados en el barro. Hacia ellos, Baudelaire no muestra nunca piedad, compasión humanitaria —es más simple: se siente uno de ellos, como sus buenos lectores han visto—. Benjamin, en sus notas: «Baudelaire se reconoce en el trapero... "Vemos a un trapero que viene, / sacudiendo la cabeza, / tropezando y golpeándose con los muros como un poeta..."»[16]. Y Proust, a su madre, a la que no le gusta Baudelaire: «Es cierto que en un poema sublime como las "Las viejecitas" no se le escapa ni uno de sus sufrimientos. No es sólo su inmenso dolor: "Sus ojos son pozos hechos de un millar de lágrimas... / Todas habrían podido hacer un río con sus llantos, / está en sus cuerpos, tiembla con sus nervios, / se estremece con su debilidad"»[17].

Esta identificación con los pobres, que mantendrá durante toda su vida, a pesar de sus bromas y sus provocaciones, es la auténtica posición política de Baudelaire, el último giro de un dandi parisino.

[16] *Paris capitale du XIXe siècle*, trad. fr. Jean Lacoste, Éditions du Nerf, 1989.
[17] Marcel Proust, *Contra Sainte-Beuve: recuerdos de una mañana*, trad. cast. de Antoni Marí, Barcelona, Tusquets, 2005.

JUNIO DE 1848,
UN ANIVERSARIO SILENCIOSO

UNA INSURRECCIÓN FULMINANTE, «la más grande y la más singular que haya tenido lugar en nuestra historia y puede que en cualquier otra: la más grande porque, durante cuatro días, más de cien mil hombres se comprometieron, y en ella perecieron cinco generales; la más singular porque los insurgentes combatieron sin un grito de guerra, sin jefes, sin banderas y, sin embargo, con una unión extraordinaria y una experiencia militar que sorprendió a los oficiales más veteranos». Lo dice Tocqueville en sus *Recuerdos*, y sabe de qué habla: él era uno de los sesenta diputados enviados a subir la moral de las fuerzas del orden y fue testigo, al lado de Lamoricière, del ataque de las barricadas de la calle de Saint-Maur. El 160.º aniversario de este acontecimiento no ha sido puesto de relevancia por el gran mundo, que yo sepa. Esto no es nuevo: desde hace más de un siglo y medio, las Jornadas de Junio son ocultadas, sumidas en el olvido, incluso por los que se supone que tienen que defender la memoria del pueblo. Podemos aportar al menos dos causas para este ocultamiento.

La primera se refiere a la naturaleza misma de esta insurrección: fue conducida por el proletariado parisino absolutamente solo. La burguesía republicana se quedó estupefacta, cuando no participó del lado de las fuerzas del orden. «Temían», escribe Tocqueville, «que la victoria de los obreros pronto fuese inevitable». François Arago, viejo republicano, atacó a cañonazos las barricadas del Barrio Latino. Edgar Quinet, diputado de la «izquierda», comandaba la 11.ª legión de la Guardia Nacional. Louis Blanc, uno de los líderes de la «Montaña», declaró en la comisión de investigación: «Nadie se ha mantenido más ajeno que yo a este desafortunado asunto». Los jefes de barricada eran todos proletarios: Legénissel, delineante industrial, en la plaza Lafayette; Voisambert, zapatero remendón, en la calle de Planche-Mibray; Racary, mecánico, en la plaza de los Vosgos; Hibruit, sombrerero, en la calle de las Nonnains-d'Hyères; Barthélémy, mecánico, arrabal del Temple... No encontramos en Junio ninguno de esos artistas, jóvenes de la bohemia, estudiantes, burgueses contestatarios cuyos nombres están ligados al recuerdo de la Comuna: aquí, ni un solo Courbet, Delescluzes, Vallès, sino gente cualquiera, desconocidos, pobres que fueron fusilados y deportados a miles. Es este anonimato el que le aporta a las Jornadas de Junio su color negro y que explica en parte el olvido.

La segunda causa es que Junio de 1848 marca la ruptura de un pacto implícito o, si se quiere, el final de una ilusión, la de que el pueblo y la burguesía, juntos de la mano, concluirían lo que había empezado con la Revolución. Encañonando al proletariado, la burguesía acababa de forma definitiva con este sueño y es por eso que, a diferencia de julio de 1830 y de febrero de 1848, las jornadas de Junio no forman parte de las imágenes de Épinal de la historia republicana. Pero la burguesía intenta desde siempre mantener la ilusión de «juntos de la mano». Es el precio del mantenimiento del orden, ahora y siempre. El estrépito del pacto que tuvo lugar en Junio es entonces un recuerdo inoportuno, y se entiende que ni la universidad ni los poderes públicos ni los partidos políticos quieran oír hablar de él.

EL PARÍS ROMÁNTICO:
LOS POBRES Y SUS BARRIOS

EN LAS PRIMERAS PÁGINAS DE *Los misterios de París*, seguimos a «un hombre de cuerpo atlético, vestido con un pobre guardapolvo» —el Chourineur— que camina por París. «Aquella noche, el viento penetraba violentamente por las callejuelas de este lúgubre barrio; el resplandor pálido, vacilante, de las lámparas agitadas por el viento del cierzo, se reflejaba en el arroyo de agua negruzca que transcurría por los adoquines enfangados. En las casas, de color barro, se abrían algunas ventanas escasas, con el marco carcomido y casi sin cristales. Negros e infectos pasadizos conducían a escaleras aún más negras e infectas, y tan perpendiculares que apenas se podían escalar con la ayuda de una cuerda de pozo fijada a los muros húmedos mediante ganchos de hierro. La parte baja de algunas de estas casas estaba ocupada por puestos de carboneros, triperos o revendedores de carne en mal estado»[1].

Los que no conocen la historia de Rodolphe, de Rigolette ni del maestro de escuela situarían este lúgubre barrio quizá en los arrabales, cerca de las barreras, pero no: estamos a dos pasos de Notre-Dame, en el corazón de la isla de la Cité: «Tocaban las diez a lo lejos en el reloj del Palacio de Justicia» cuando el Chourineur va a entrar en el *cabaret* del Lapin Blanc, calle de Fèves.

Haussmann se acuerda del mismo barrio que cruzaba para ir de su casa, calle de la Chaussée d'Antin, hasta la Escuela de Derecho, en la plaza del Panteón. Tras haber pasado el puente de Change, «bordeaba el antiguo Palacio de Justicia, dejando a mi izquierda el inmundo montón de los trileros, que deshonraban desde hacía tiempo la ciudad, y a los que tuve el honor de arrasar completamente después: un nido de ladrones y de asesinos, que parecían estar allí para desafiar a la policía y a la Corte Penal. Continuando mi camino por el puente de Saint-Michel, tenía que pasar por la pobre placita donde se vertían, como en una cloaca, las aguas de las calles de la Harpe, Huchette, Saint-André-des-Arts y de la Hirondelle»[2].

[1] Eugène Sue, *Les Mystères de Paris*, 1842-1843 (novela de folletín en *Le Journal des Débats*), París, ed. Robert Laffont, Bouquins, 1989, pp. 32-33. La escena transcurre en 1838.
[2] Georges Eugène Haussmann, *Mémoires*, [1890], París, Guy Durier, 1979, p. 47.

El barón tuvo, por tanto, el honor de expulsar de su barrio a la Chouette, a la Goualeuse y a Bras-Rouge, y de arrasar completamente la calle de la Licorne, de la Vieille-Draperie e incluso la pequeña calle de Jerusalén, donde se encontraba la sede central de la policía —se decía «calle de Jerusalén» como se dice hoy «muelle de Orfèvres» o «Scotland Yard»—.

De todos los barrios del París de 1830, con sus doce distritos, la Cité es casi el único que fue más o menos destruido. Los otros están ahí, incluso si el trazado de sus calles, su arquitectura, sus referencias e incluso sus nombres han cambiado mucho. Lo más impactante es ver el lugar que ocupan en la ciudad actual los barrios que antaño fueron pobres, aquellos donde los alquileres eran más bajos, donde no se pagaban impuestos y donde la mortalidad infantil era dos veces mayor que en otros barrios. En esta zona el cambio es radical, incluso si en ocasiones es reciente: este París de la miseria es hoy el de los turistas curiosos, los *lofts* y los restaurantes de moda. Es por eso por lo que hace falta hacer un cierto esfuerzo para imaginar lo que podrían ser los barrios proletarios en los tiempos del pequeño Baudelaire, el joven Blanqui y el viejo Chauteaubriand.

*

En los muy escasos estudios sobre la población parisina realizados en la época romántica (en particular el de Villermé[3]), cuatro distritos aparecen a menudo agrupados al final de la lista para conformar el París de los pobres: el VII, el VIII, el IX y el XII[4]. También hay miseria en otros lugares, claro está —en el barrio de Carrusel, la colina de los molinos[5], alrededor de Les Halles, entre otros—, pero estos cuatro distritos están concentrados[6].

El más pequeño y el más céntrico, el distrito VII, corresponde en gran parte a lo que hoy conocemos como Marais (en la época, esta palabra designaba una zona más pequeña y periférica). Alcanza la ribera del Sena por el barrio de Arcis[7], uno de los que tiene mayor densidad de población de todo París, entre la plaza de Châtelet y la del Hôtel-de-Ville,

[3] Louis-René Villermé, *La Mortalité dans les divers quartiers de Paris*, París, La Fabrique, 2008.

[4] El París romántico estaba limitado por el muro de los Fermiers Généraux (su trazado corresponde, más o menos, con el de las líneas de metro n.º 2 y n.º 6, Nation-Étoile por Barbès al Norte y por Denfert-Rochereau al Sur). Entonces Montmartre, La Chapelle, La Villette, Belleville y Ménilmontant, Charonne… eran municipios exteriores, independientes de París.

[5] Se trata de la *Butte aux Moulins*, pequeña colina situada en lo que hoy es la estación de metro Pyramides, y fue derribada para dejar paso a la Avenida de la Ópera (N. de la T.).

[6] Como todos los distritos parisinos, cada uno de ellos está dividido en cuatro barrios, disposición que sigue existiendo, incluso si ya sólo les interesa a la policía y al fisco.

[7] La parte baja de la calle de Saint-Martin llevaba el nombre de calle de Arcis. Muy cerca del Sena, se convertía en la calle de Planche-Mibray, nombre que procede de las tablas que se colocaban para cruzar los arroyos de barro (*bray*).

subiendo hasta la calle de la Verrerie y a la iglesia de Saint-Merry. Las dos plazas son bastante más pequeñas que las que hoy conocemos, la agradable plaza de Châtelet, recogida en torno a su columna, y la plaza del Hôtel-de-Ville —todavía se le llama a veces plaza de la Grève, aunque fue rebautizada durante el Imperio— que desciende en una suave cuesta hacia el río. Allí, desde hace siglos, los obreros de la construcción acuden cada mañana al «arenal»[8], es decir, a vender su fuerza de trabajo —como hoy en día los pakistaníes con sus carretillas, en la plaza de El Cairo.

Acababa de llegar a París cuando mis camaradas de la obra me dijeron que no había trabajo. Algunos me dijeron que no habían trabajado ni un solo día desde el invierno. Al día siguiente, a primera hora, fui a la Grève, y enseguida tuve la certeza de que no exageraron para nada. Esta plaza de la Grève, último vestigio del viejo mercado de esclavos de la Antigüedad, estaba llena de hombres demacrados y escuálidos, que se acostumbraban sin demasiada tristeza a su condición de muertos de hambre. Se les veía tiritando de frío bajo pobres camisas o chaquetas tan gastadas que apenas quedaban las costuras, pataleando contra el adoquinado para entrar en calor[9].

---

[8] Literalmente, «faire la grève». Posteriormente esta expresión adquirirá el sentido de «hacer huelga», ya que los trabajadores reunidos en la plaza de la Grève en ocasiones se negaban a trabajar para obtener mejoras salariales (N. de la T.).
[9] Martin Nadaud, *Léonard, maçon de la Creuse*, [1895], París, La Découverte/bolsillo, 1998, p. 82. La escena tiene lugar en 1833.

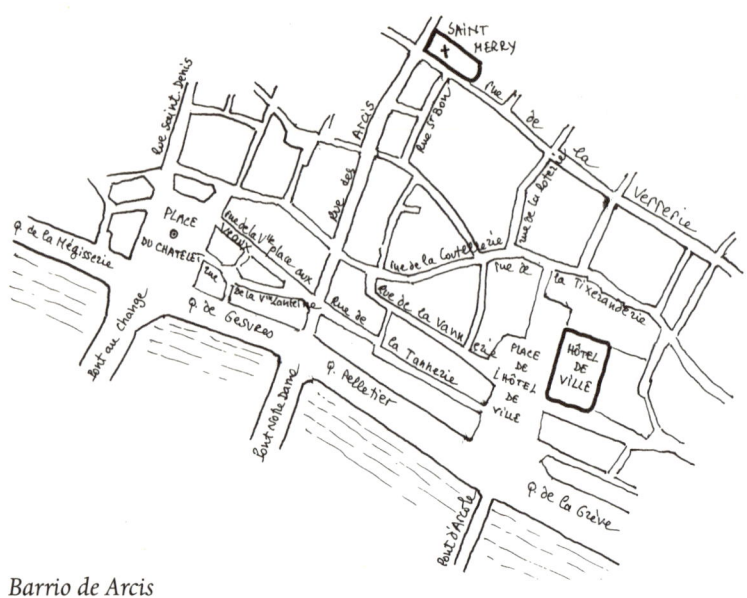

Barrio de Arcis

Las dos plazas están unidas por una serie de callejue-las, desaparecidas con el trazado de la avenida Victoria y la prolongación de la calle de Rivoli. «Delante del ayun-tamiento, en el espacio que separaba la antigua plaza de Châtelet y el lugar irregular calificado de plaza de la Grè-ve, la vista sufría por las horribles cloacas llamadas ca-lle de la Tannerie, de la Vieille-Tannerie, de la Vannerie, de la vieja plaza de Veaux, Saint-Jérôme, de la Vieille-Lan-terne, de los Teinturiers. Esta última era tan estrecha que la fachada carcomida de una de las casas hecha de trozos de madera sellados con yeso, que la bordeaba, intentó en vano derrumbarse: no pudo más que apoyarse en la de la casa de enfrente. ¡Y qué gente vivía allí!»[10]. De estas callejuelas, hay una cuyo nombre sigue siendo famoso: la calle de la Vieille-Lanterne, que Gérard de Nerval elegirá para colgarse en 1855, poco después de haber terminado *Aurelia*.

Alejándose del Sena hacia el norte, una vez atravesada la calle de la Verrerie, entramos en el barrio de Saint-Avoye —diríamos hoy el barrio de Beaubourg— estructurado en tres paralelas: la calle de Saint-Martin, la calle de Beaubourg y la calle del Temple[11]. Entre estas tres grandes vías, unas callejuelas transversales forman algo parecido a los travesaños de una escalera. Algunas siguen existiendo, como la calle de Pierre-au-Lard, la calle de Simon-le-Franc, la calle de Geoffroy-l'Asnier, o la calle de Michel-le-Compte, preciosas reliquias de este venerable barrio. Venerable seguramente porque ha servido a todas las insurrecciones desde los inicios de la monarquía de julio[12]. Tenemos que tomar el término «servido» en dos sentidos: el barrio entero no sirve sólo como simple marco, sino como terreno que alberga la insurrección: el laberinto de las calles prohíbe las cargas de la caballería,

---

[10] Haussmann, *op. cit.*, pp. 27-28.
[11] La parte baja de la calle del Temple se llamaba calle de Sainte-Avoye, en «L» entre la calle del Temple y la calle de Rambuteau.
[12] Para una vista de pájaro de estas insurrecciones, me permito remitir a mi *Invention de Paris*, en la parte titulada «París roja» (Seuil, 2002).

las mujeres avituallan a los combatientes y cuidan a los heridos, los niños ayudan a colocar las municiones. Y los hombres, que estuvieron en el ejército en julio de 1830, sirven en las barricadas.

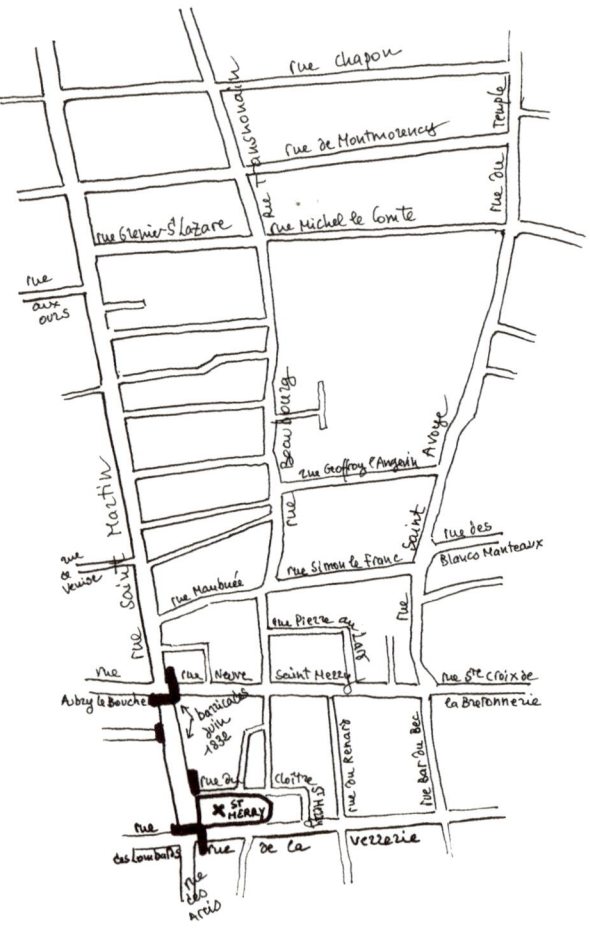

Barrio de Sainte-Avoye

En junio de 1832, la insurrección que estalla con ocasión de los funerales del general Lamarque acaba en el claustro de Saint-Merry. La gran barricada, en la esquina de la calle de Aubry-le-Boucher con la calle de Saint-Martin, defendida a uno contra mil, sólo será destruida a cañonazos: por primera vez se utiliza el cañón contra el pueblo en París (acababa de ser utilizado en Lyon contra los tejedores insurrectos[13]).

Ahí se detuvieron los valientes, ya que ése es el camino que lleva al ayuntamiento, y este laberinto de calles, de monumentos en ruinas, ofrece mil medios de ataque y de defensa. En menos de una hora improvisaron una fortaleza. Una casa frente a la calle de Aubry-le-Boucher es su cuartel general, y una barricada de cinco pies de alto defiende las inmediaciones. Al sur, delante de la iglesia, piedras amontonadas cierran la calle de la Verrerie y la de Arcis; por detrás, otra barricada detendría al enemigo que pretendiese avanzar por la calle de Cloître; hacia el norte, no hay ninguna salida, ni por la calle de Maubuée, ni por el pasaje de Venice, ni por la calle de la Corroierie. Hay que atacar bien de frente, por la calle de Aubry-le-Boucher, bien desde atrás, por la calle de Saint-Martin. Por todas partes encontrarán

[13] Se refiere a los *canuts*: obreros tejedores de la seda, que se encontraban sobre todo en el barrio de la Cruz Roja, en Lyon. Son conocidos por su carácter insurrecto, y sus actividades influyeron en el pensamiento social del siglo XIX (N. de la T.).

sólidas barricadas y, detrás, hombres más sólidos todavía. Estas Termópilas no ocupan, en longitud, el espacio de más de cien pasos; su anchura es la de la calle de Saint-Martin[14].

Es en esta barricada donde muere Michel Chrétien, el único republicano honesto de *La comedia humana* —velado en la iglesia de Saint-Merry por Rastignac y De Marsay[15]—. Y es el recuerdo de estos combates lo que inspirará a Victor Hugo para su descripción de la más mítica de todas las barricadas, la de la calle de la Chanvrerie, defendida por Jean Valjean, donde mueren Enjolrás y Gavroche[16]. Más de cuarenta años después de que Jeanne, el jefe de la barricada de Saint-Merry, se abriese camino solo, bayoneta en mano, a través de los batallones de la 4.ª legión de la Guardia Nacional, el viejo Blanqui, al ilustrar mediante un ejemplo y un croquis sus «Instrucciones para una toma de armas», elige una vez más el barrio de Saint-Avoye, rodeado por el recién construido bulevar de Sébastopol[17].

[14] Rey-Dussueil, *Le Cloître Saint-Méry* [*sic*], París, Ambroise Dupont, 1832, pp. 107-108. En este relato novelado, el pequeño Joseph inspiró sin duda a Hugo para el personaje de Gavroche.

[15] Véase Balzac, *Les secrets de la Princesse de Cadignan*, París, 1839.

[16] Se cuenta que durante la guerra de Secesión, algunos combatientes se pusieron los nombres de «Enjolrás» o de «Bossuet». [Thomas Bouchet, «La barricade des *Misérables*», en *La Barricade*, A. Corbin y J.-M. Sauveur (dirs.), París, Publications de la Sorbonne, 1997].

[17] Auguste Blanqui, «Instructions pour une prise d'armes» (1868), en *Maintenant il faut des armes*, textos escogidos y presentados por Dominique Le Nuz, París, La Fabrique, 2006, p. 281.

En la década de 1830, la calle de Beaubourg es continuada por la calle de Transnonain[18], que es testigo, dos años después de Saint-Merry, de un episodio aún más siniestro. Thiers, ministro del Interior, promulgó una ley represiva contra los vendedores ambulantes y otra que exige la autorización previa para todas las asociaciones. El París de los pobres se subleva una vez más, al mismo tiempo que la Cruz Roja en Lyon[19]. Las dos insurrecciones son sofocadas rápidamente, pero en la calle de Transnonain, una vez acabados los combates, se produce un disparo desde una ventana. Los soldados del 25.º de línea entran en el n.º 12 de la calle y masacran a todos los habitantes, incluidos los niños. La célebre litografía de Daumier se basará en este episodio descrito por Baudelaire: «En una habitación pobre y triste, la habitación tradicional del proletario, con muebles banales e indispensables, el cuerpo de un obrero desnudo, en camisón y gorro de algodón, yace sobre su espalda, cuan largo es, las piernas y los brazos extendidos [...]. Bajo el peso de su cadáver, el padre aplasta entre su espalda y las baldosas el cadáver de su hijo pequeño. En esta buhardilla fría, no hay más que silencio y muerte»[20].

[18] La construcción de la calle de Turbigo y la ampliación de la calle de Beaubourg hicieron desaparecer la calle de Transnonain, pero algunas casas de la calle se integraron en el lado par de la calle de Beaubourg.

[19] Véase la nota 13 (N. de la T.).

[20] Charles Baudelaire, «Quelques caricaturistes français», en *Le Présent*, octubre de 1857. *Curiosités esthétiques*, Classiques Garnier, 1990, p. 275.

Los barrios de Mont-de-Piété[21] y del mercado de Saint-Jean completan la fisonomía del distrito VII, llevándolo hasta las calles de Vieille-du-Temple, al este, y de Bretagne, al norte, las mismas cuyos trazados y arquitectura —quizá también el tipo de población— han cambiado menos, aunque dos edificios de la época, importantes para pobres y rebeldes, han desaparecido.

El primero es la prisión de la Force, en la esquina de las calles de Roi-de-Sicile y Pavée. Fundada bajo Luis XVI, estaba destinada a los condenados por deudas y a las mujeres de mala vida. Bajo la Revolución, fue uno de los principales escenarios de las masacres de septiembre. Sería destruida al trazarse la calle de Malher.

El segundo edificio es la Imprenta Real, situada en la esquina de las calles de Quatre-Fils y Vieille-du-Temple. En una época en la que no existían ni la radio ni la televisión, la única manera urgente de hacer saber a la gente que estaba sucediendo algo importante era imprimir carteles y colgarlos por todo París. Sólo esta imprenta tenía los medios para hacerlo, y éste es el motivo por el cual la toma de la Imprenta Real (o imperial, o nacional) fue, a lo largo del siglo XIX, un momento obligado para todos los levantamientos *serios*.

*

[21] El Crédito Municipal (nombre moderno y tranquilizador del Monte de Piedad) sigue estando en el mismo sitio, aunque hoy da a la calle de Rambuteau, y alberga en su interior una de las torres de la muralla de Felipe Augusto.

El diseño del antiguo distrito VIII, que se extiende desde el corazón del Marais hasta la barrera de Trône [plaza de la Nation] muestra que la miseria unificaba entonces

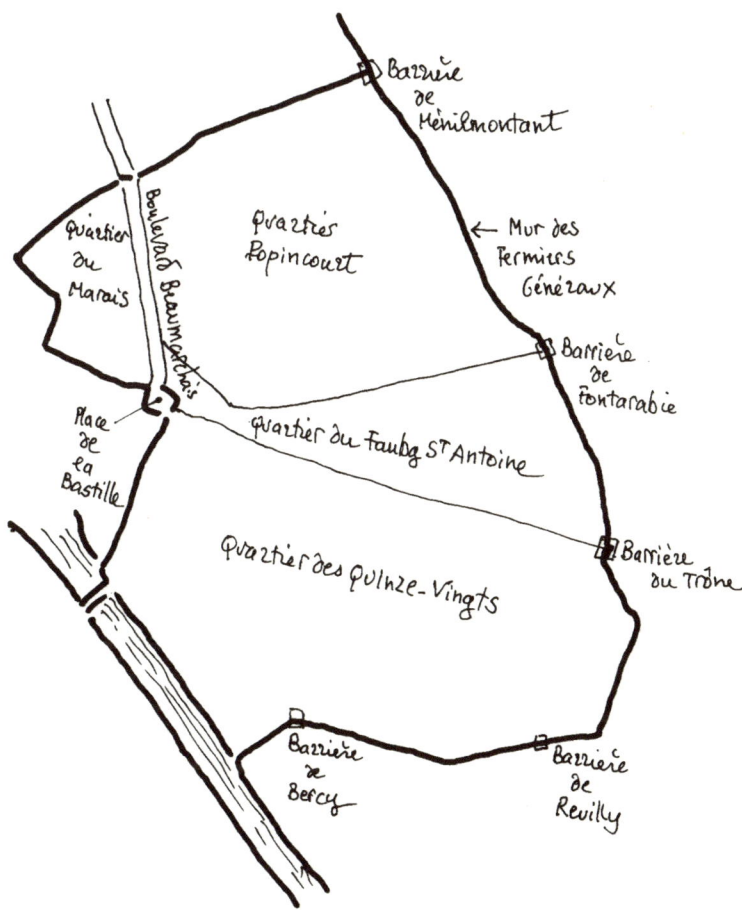

Este del distrito VIII

99

algunas regiones de París que hoy son completamente diferentes. En los años que van de 1820 a 1830, el barrio que lleva el nombre de Marais se limita a la pequeña zona antaño realmente pantanosa de la que procede el nombre actual de «Marais»: un triángulo cuyos lados son la calle de Vieille-du-Temple, el bulevar Beaumarchais y el eje algo sinuoso que forman las calles de Francs-Bourgeois, Cultures-Sainte-Catherine [de Sévigné] y Saint-Antoine, cerca de la Bastilla. Al inicio del siglo XIX, hacía ya bastante que el Marais había perdido su esplendor aristocrático: hastiados de mezclarse con los pobres, las grandes familias lo habían abandonado más de un siglo antes, para ocupar los espacios más despejados del arrabal de Saint-Germain. Ya en ese momento, es el barrio de los desahuciados, de los pobres que conocieron días mejores: el habitante tipo del barrio es el primo Pons de *La comedia humana*, «viejo seco y enjuto que vestía una torera de color marrón sobre un traje verdoso con los botones de metal blanco. Un hombre con torera, es, fíjense, como si Napoleón se hubiese dignado a resucitar durante dos horas». Se gana la vida con dificultad como director de orquesta en los pequeños teatros del bulevar de Crime[22]

---

[22] Se llamaba bulevar de Crime a la última parte del bulevar del Temple, donde en numerosos teatros se representaban cruentos melodramas. Esta parte del bulevar del Temple desapareció, con sus teatros (excepto el teatro Déjazet), con la construcción de la plaza de la República.

y vive en la calle de Normandie, «una de esas calles en las cuales uno cree estar en provincias: la hierba crece, un transeúnte constituye un acontecimiento, y todo el mundo se conoce», o «una de esas viejas calles con la calzada agrietada, donde el Ayuntamiento de París aún no ha puesto fuentes, y por cuyo arroyo negro transita miserablemente el agua procedente de todas las casas, que se infiltra por los adoquines y genera ese barro particular de la ciudad de París»[23]. Los arroyos negros y el barro son, definitivamente, motivos recurrentes en los textos sobre el París romántico.

Separada de los dignos despojos del Marais por el bulevar Beaumarchais —frontera sociológica e histórica, ya que corresponde al trazado de la muralla de Carlos V— la parte más amplia del distrito VIII se expande hacia el este. De este lado, al que podríamos llamar proletario, tres barrios se organizan sobre el viejo tridente cuyo mango está en la Bastilla: en el centro, el barrio del arrabal de Saint-Antoine; a la izquierda (al norte), el barrio de Popincourt, cuyo centro es la calle de Charonne; a la derecha, el barrio de Quinze-Vingts, cuyo centro es la calle de Charenton. Antes de la Revolución industrial, es la región de París donde se concentra un mayor número de talleres y de obreros, pero no un menor número de pobres.

[23] Balzac, *Le cousin Pons*, [1845], París, La Pléiade, 1950, ed. M. Bouteron, t. VI, pp. 560-561. Todas las citas de *La comedia humana* proceden de esta edición.

Ya sea en las fábricas de papel pintado, de bronce y sobre todo de muebles, los obreros-artesanos trabajan a destajo. Sólo los que trabajan para los grandes ebanistas reciben un salario decente. Los otros —a menudo belgas o alemanes— fabrican muebles corrientes en pequeños talleres donde el patrón emplea a sus hijos y a dos o tres obreros. La terrible crisis de 1828 provocó una disminución de su paga y la expansión del paro. Pero aún así salen bien parados en comparación con los «chapistas», quienes fabrican en su casa muebles simples para ir a venderlos el sábado en el mercado de Beauveau [d'Aligre].

La tradición levantisca del arrabal de Saint-Antoine data de la Revolución, e incluso de antes: el 27 y 28 de abril de 1789, tres días antes de la reunión de los Estados generales, la fábrica de papel pintado de Réveillon, en el arrabal en la desembocadura de la calle de Montreuil, fue saqueada: el patrón había hablado de bajar los salarios. El ejército intervino, provocando más de cien muertos. No se conoce el número exacto de muertos que hubo en el arrabal a lo largo de las revueltas del hambre de Pradial año IV, pero lo que es seguro es que desempeñó un papel importante a lo largo de las Tres Gloriosas de Julio de 1830, y una vez más en las jornadas de junio de 1832 que acabaron en Saint-Merry: «Algo terrible se gestaba. Se entreveía el esbozo todavía poco distinguible y oscuro de una revolución posible. Francia miraba hacia París; París miraba hacia el arrabal de Saint-Antoine. El arrabal de Saint-Antoine, secretamente caldeado, entraba en ebullición. El ambiente de los *cabarets* de la calle de Charonne era, aunque la conjunción de estos dos epítetos resulte singular aplicada a *cabarets*, serio y tempestuoso»[24].

Como si los ebanistas tuviesen más aptitudes que otros para fabricar barricadas, el arrabal de Saint-Antoine de nuevo se levantará, será ametrallado y bombardeado en las Jornadas de Junio de 1848 y en la última semana de la Comuna de París.

*

El distrito IX es una región de contrastes: comprende, de hecho, cerca del barrio de la Cité y sus sórdidos trileros, uno de los barrios más aristocráticos de París, la isla de Saint-Louis. Allí, como escribió Villermé[25], al menos en los muelles, «las viviendas son espaciosos apartamentos y los habitantes viven con desahogo». Y establece la comparación con la calle de la Mortellerie, «una de ésas en las que se amontona mayor número de pobres en viviendas estrechas, sucias, oscuras y mal ventiladas», y

---

[24] Victor Hugo, *Les Misérables*, París, Robert Laffont, Bouquins, p. 668. *Les Misérables* fue acabada en 1868, pero Hugo fue testigo de las Jornadas de Junio de 1832 y poseía abundante documentación sobre el hecho.
[25] Villermé, *op. cit.*

donde la mortalidad es casi dos veces más elevada. En el barrio del Hôtel-de-Ville, esta calle no constituye, por otro lado, una excepción: «La calle de Tourniquet-Saint-Jean, antes una de las más tortuosas y más oscuras del viejo barrio que rodea al ayuntamiento, serpenteaba a lo largo de los jardincitos de la Prefectura de París y daba a la calle de Martroi, precisamente en la esquina de un viejo muro ahora derribado […]. La parte más ancha de la calle de Tourniquet desembocaba en la calle de la Tixeranderie, donde no medía más de cinco pies de ancho. También, en la época de lluvias, las aguas negras bañaban inmediatamente la parte baja de las viejas casas que bordeaban esta calle, arrastrando las basuras que cada familia depositaba en las esquinas. Los carros no podían pasar por allí, los habitantes dependían de las tormentas para limpiar una calle siempre enlodada, ¿pero cómo habría podido estar limpia?»[26].

La calle de la Mortellerie, arquetipo de calle sin alegría, transcurre en paralelo al Sena a lo largo del barrio del Hôtel-de-Ville, desde la plaza de la Grève hasta la calle de las Nonnains-d'Hyères. «Mortellerie» viene de mortero: los morteros son albañiles, casi todos originarios de Creuse, que se alojan allí en hacinamientos espantosos.

---

[26] Balzac, *Une double famille*, Gallimard, La Pléiade, t. I, p. 925.

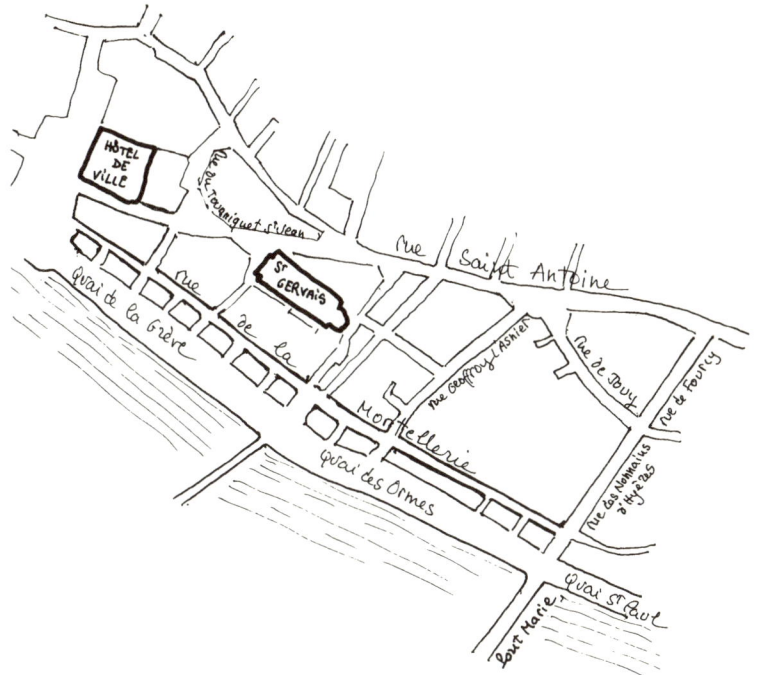

Barrio del Hôtel-de-Ville

Martin Nadaud, originario de Bourganeuf, en Creuse, recuerda su juventud: «Singular alojamiento el que iba a ocupar. Estaba situado en el entresuelo, y el techo era tan bajo que apenas podíamos caminar derechos. En este local, especie de batiburrillo, había cuezos, reglas de albañil, tablas, chatarra de todo tipo; hay que añadir que apenas estaba ventilado y que faltaban la mitad de las baldosas bajo nuestros pies». Y más adelante: «En esta habitación había seis camas y doce inquilinos. Estábamos tan hacinados los unos sobre los otros que no quedaba más que un pasadizo de cincuenta centímetros que hacía las veces de pasillo a lo largo de la habitación»[27].

Durante la epidemia de cólera de marzo y abril de 1832, se acusa a esta calle de haber sido el foco de inicio de la infección, que arrastra diariamente a varias centenas de parisinos —entre los que está el primer ministro, Casimir Périer, pero, también, pérdidas infinitamente más lamentables, Cuvier y Champollion—. Los barrios de Arcis, del Hôtel-de-Ville, de Arsenal, donde la población es más densa y la miseria más negra, se ven particularmente afectados, mientras que los ricos salen mejor parados: «La gente murmuró enormemente cuando vio que los ricos se salvaban y que se encaminaban, llevando consigo equipamiento médico y farmacéutico, hacia comarcas más sanas. El pobre, disgustado, se dio cuenta de que el dinero se había convertido también en una protección contra la muerte»[28].

Tras la epidemia que los dejó diezmados, los habitantes de la calle de la Mortellerie se negaron a seguir viviendo en una calle cuyo nombre comenzaba por «Mort»[29]. En 1835, tomó el nombre de Hôtel-de-Ville, que conserva desde entonces[30].

[27] Martin Nadaud, *op. cit.*, pp. 57 y 95.
[28] Henri Heine, *De la France*, [1832], Ed. Gallimard, col. Tel, 1994, p. 116.
[29] «Mort» significa «muerte» en francés (N. de la T.).
[30] La calle no existe más que de manera velada, ya que le falta unas veces un lado y otras veces otro.

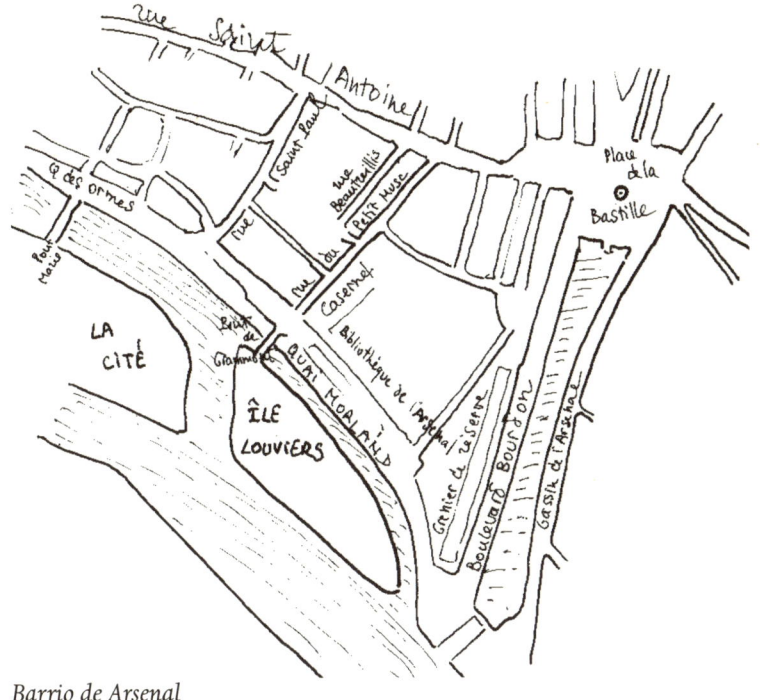

Barrio de Arsenal

El cuarto barrio del IX es Arsenal, en la esquina que forman el Sena y la cuenca del Arsenal, ensanchamiento final del canal de Saint-Martin, trazado durante el Imperio. Esta región de París ha cambiado mucho, ya que toda la parte situada hoy entre el bulevar Morland y el río —que abarca en particular el edificio administrativo del Ayuntamiento de París con su pérgola— era una isla, la isla de Louviers, unida a la ribera derecha por el pequeño puente de Grammont, en la calle de Petit-Musc. Antes de que la isla quedase unida a la ribera derecha (1843), el bulevar Morland era un muelle, y la biblioteca de Arsenal estaba al borde del agua. La isla de Louviers era una inmensa cantera de leña, donde se recogían y cortaban los troncos que bajaban por el Sena. En *Los misterios de París*, el Chourineur se presenta: «Chusma emancipada (forzado liberado), descargador de madera a la deriva en el muelle de Saint-Paul [el muelle de la isla por el lado del Sena], helado en invierno, asado en verano, así es mi carácter». Y a Rodolphe, quien pregunta cuánto gana al día, le responde: «Treinta y cinco cuartos. Esto durará mientras tenga brazos; cuando ya no los tenga me haré con un gancho y una aljaba de mimbre, como el viejo trapero que vislumbro en la neblina de mi infancia»[31]. Al inicio de la insurrección de junio de 1832, se luchará en la isla de Louviers —estudiantes y descargadores contra los dragones del cuartel de los Celestins—, después de que el cortejo que acompañaba al féretro del general Lamarque se topase con el ejército en el puente de Austerlitz.

En los cuadros de Villermé, el distrito que aparece casi siempre en último lugar es el único situado en la ribera izquierda: el inmenso y mísero XII, «el barrio más pobre de París, aquel cuyos dos tercios de la población carecen de madera en invierno, aquel que deja más chiqui-

---

[31] Eugène Sue, *op. cit.*, p. 45.

llos en Enfants-Trouvés, más enfermos en Hôtel-Dieu, más mendigos en las calles, que envía más traperos a las esquinas de las afueras, más viejos agonizantes a los muros donde pega el sol, más obreros sin trabajo en las plazas, más acusados a la policía correccional»[32].

El XII se extiende por las dos pendientes de la montaña de Sainte-Geneviève: el Barrio Latino bajando del Panteón hasta el Sena, y el arrabal de Saint-Marceau que se extiende hacia los Gobelins y la barrera de Italie.

Es difícil hacerse una idea de cómo era el Barrio Latino antes de la construcción de la calle de las Écoles, de los bulevares Saint-Germain y Saint-Michel, y cuando la calle de Soufflot no iba más allá de la calle de Saint-Jacques. El cuadrilátero estaba limitado por las calles de Saint-Jacques y de la Estrapade, el eje de las calles de los Fossés-Saint-Victor [Cardinal-Lemoine] y de los Bernardins, y el muelle de Saint-Michel, sobre el que se extendían las instalaciones del viejo Hôtel-Dieu de Soufflot, unidas mediante un puente a las de la Cité. Era entonces uno de los barrios de mayor densidad, un diseño urbano más medieval, y que albergaba mayor miseria. Al inicio de *La prohibición*, el doctor Bianchot, el gran médico de *La comedia humana*, visita a su tío, el gran juez Popinot: «El célebre doctor se dirigió, a las siete de la mañana, hacia la calle de Fouarre,

³² Balzac, *L'Interdiction*, [1836], París, Gallimard, La Pléiade, t. III, p. 17.

donde moraba el señor Jean-Jules Popinot, juez del Tribunal de Primera Instancia del Departamento del Sena. La calle de Fouarre, palabra con la que antaño se designaba a la calle de la Paille, era en el siglo XIII la calle más ilustre de París. Allí estaban las escuelas de la universidad, cuando la voz de Abelardo y la de Gerson resonaban en el mundo científico. Hoy es una de las más sucias del distrito XII […]. En medio de esta calle siempre húmeda, y cuyo arroyo conduce hacia el Sena las aguas negras de algunas tintorerías, hay una casa vieja, sin duda restaurada bajo Francisco I, y construida en ladrillos sujetos por cadenas de sillares […]. Aquí, inmensas madejas de lana teñida secándose, colgadas de largos palos; allá, camisas blancas penden de cuerdas; más arriba, volúmenes en cartoné [encuadernados] muestran en una tabla sus láminas recientemente curtidas; las mujeres cantan, los maridos silban, los niños gritan; el ebanista sierra tablas, un tornero del cobre hace rechinar el metal; todas las industrias se ponen de acuerdo para producir un ruido que el número de instrumentos hace furibundo»[33].

Privat d'Anglemont, amigo de Balzac, Dumas y Delacroix, describe la población del barrio en torno a 1830: «Los alrededores de la plaza Maubert, las calles de la parte

---

[33] Balzac, *op. cit.*, pp. 18-19. La calle de Fouarre desemboca hoy en la plaza que rodea a la iglesia Saint-Julien-le-Pauvre.

baja de la calle de Saint-Jacques, están habitados por esta raza patibularia, macilenta, sombría, raquítica, que constituye la desolación de cualquier capital, y que hemos convenido en llamar, no sabemos por qué, los buenos pobres. Por un lado, el trapero es feliz, guasón, cantor, despreocupado, por otro, el buen pobre es triste, afligido, taciturno, molesto. Uno bebe, ríe, bromea, se divierte, aparenta ser alborotador; el otro se ve pequeño, habla bajo, es mojigato, borracho a escondidas, enclenque, hipócrita»[34].

Para alcanzar zonas menos miserables hay que atravesar la calle de la Estrapade, construida sobre el trazado de la muralla de Felipe Augusto. El barrio del Observatorio (o del arrabal de Saint-Jacques) es tranquilo y despejado como sólo puede serlo una zona de conventos y hospitales —así sigue siendo, por otra parte—. Balzac lo conocía bien, puesto que al inicio de la década de 1830 vivía en el n.º 2 de la calle de Cassini, la calle que transcurre por delante del Observatorio. Al final de *Ferragus*, el derrotado anciano pasa su tiempo observando a los jugadores de petanca, prestándoles a veces su bastón para medir los golpes, en «un espacio encerrado entre la verja sur del Luxemburgo y la verja norte del Observatorio».

[34] Alexandre Privat d'Anglemont, *Paris anecdote* [1854], París, Éditions de Paris, 1984, p. 242.

Este lugar parece a la vez una plaza, una calle, un bulevar, una fortificación, un jardín, una avenida, un camino, provincia, capital; ciertamente, hay un poco de todo: es un desierto. Alrededor de este espacio sin nombre, se erigen Enfants-Trouvés, la Bourbe, el hospital Cochin, Capucins, el hospicio de La Rochefoucauld, los Sourds-Muets, el hospital de Val-de-Grâce; en fin, todos los vicios y las desgracias de París encuentran allí su lugar; y para que no le faltase nada a este recinto filantrópico, la ciencia estudia allí las mareas y las longitudes; el señor de Chateaubriand ha colocado la enfermería de Marie-Thérèse, y los Carmelitas han fundado su convento. Las grandes situaciones de la vida están representadas por las campanas que suenan incesantemente en este desierto para la madre que da a luz, y para el niño que nace, y para el vicio al que se sucumbe, y para el obrero que muere, y para la virgen que reza, y para el viejo que tiene frío, y para el genio que se equivoca. Más allá, a dos pasos, está el cementerio de Montparnasse, que atrae cada hora a los escuálidos cortejos del arrabal de Saint-Marceau[35].

[35] Balzac, *Ferragus*, Gallimard, La Pléiade, t. V, pp. 122 y 123. La Bourbe es el nom-bre de la maternidad que luego se llamó «de Port-Royal». Antes de la construcción del bulevar con este nombre, la maternidad daba a la pequeña calle de la Bourbe. Los Enfants-Trouvés corresponden al actual hospital de Saint-Vincent-de-Paul. La enfermería de Marie-Thérèse estaba en la misma calle de Enfer, un poco más arriba. Los Capucins era un hospital para enfermedades venéreas en la esquina de la calle de la Bourbe con la calle de la Santé. La prisión de la Santé todavía no existía: su nombre procede de un sanatorio fundado por Ana de Austria antes del Val-de-Grâce.

El arrabal de Saint-Marceau es un barrio completamente diferente a la zona que hoy le corresponde topográficamente (el sur del distrito V y el norte del XII). Linda con los confines de la ciudad, marcados entonces por el bulevar Saint-Jacques, el bulevar de los Gobelins [Saint-Marcel] y el bulevar del Hôpital, que bordea la Salpêtrière[36]. Durante la Restauración y la monarquía de julio, los descampados que rodean al hospital son los lugares más remotos. En *Los miserables*, la casa en ruinas de Gorbeau donde va a parar Jean Valjean está en el 50-52 del bulevar del Hôpital. De ahí: «Hasta donde alcanzaba la vista, sólo se veían los mataderos, la muralla y unas pocas fachadas de fábricas, semejantes a cuarteles o a monasterios; por todas partes había barracas y cascotes, viejos muros negros como mortajas, nuevos muros blancos como sudarios; por todas partes líneas de árboles paralelas, naves dispuestas en paralelo, construcciones planas, largas líneas frías y la tristeza lúgubre de los ángulos rectos […]. Se puede soñar con algo más terrible que un infierno donde uno sufre, y es un infierno donde uno se aburre. Si este infierno existiese, este trozo del bulevar del Hôpital habría podido ser su avenida»[37].

---

[36] La Salpêtrière era la pieza maestra del Hospital General, construido durante Luis XIV para encerrar a los mendigos, las prostitutas y los locos. En su origen, el muro de los Fermiers Généraux la dejaba fuera de París, y pasaba a lo largo del bulevar del Hôpital.
[37] Victor Hugo, *op. cit.*, p. 342.

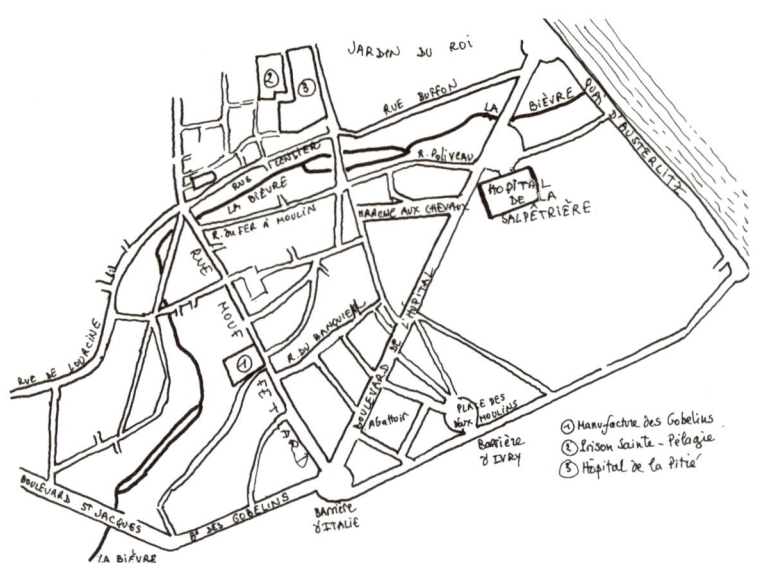

El arrabal de Saint-Marceau

El interior del arrabal no es más reluciente que sus márgenes. El maestro Derville, el procurador de *La comedia humana*, intenta encontrar al coronel Chabert, el hombre al que se le creía muerto en Eylau. Vive «en el arrabal de Saint-Marceau, calle de Petit-Banquier [¿del Banquero?], en casa de un viejo mariscal de logis de la Guardia Imperial, que se hizo vaquero, y llamado Vergniaud».

Una vez allí llegado, Derville se vio forzado a ir a pie a buscar a su cliente, ya que su cochero se negó a entrar en una calle sin pavimentar y cuyos surcos eran demasiado profundos para las ruedas de un cabriolé. Mirando hacia todos lados, el procurador acabó encontrando, en la parte de esta calle más próxima al bulevar, entre dos muros levantados con restos óseos y tierra, dos endebles pilares de mampostería que se habían quedado desgastados por el paso de los coches, a pesar de los dos pedazos de madera colocados para apuntalar [...]. Al fondo de un patio bastante espacioso se elevaba, frente a la puerta, una casa, si bien este nombre no se corresponde con aquellas chabolas construidas en los arrabales de París, y que no son comparables con nada, ni siquiera con las viviendas rurales más desastrosas, que tienen la miseria pero carecen de la poesía[38].

El Bièvre atraviesa el arrabal, penetra en la ciudad por la barrera de Croulebarbe y se adentra en el Sena en el muelle de Austerlitz. A lo largo del río transformado en alcantarilla, a cielo abierto, se distribuyen talleres de curtidores y de tintoreros; y la manufactura de los Gobelins, cuya fachada abre hacia la calle de Mouffetard (antes de la construcción de la avenida de los Gobelins y la avenida de Italie, la calle de Mouffetard constituye el eje central del arrabal y va hasta la barrera de Italie [plaza de Italie]). En 1840, Frégier describe la población de la calle de Lourcine, que bordea el Bièvre: «Entre los traperos que se alojan en albergues, hay muchos que, por ahorrar, duermen al raso.

---

[38] Balzac, *Le colonel Chabert*, París, Gallimard, La Pléiade, t. II, p. 1111.

El jornal de un trapero asciende a quince o veinte cuartos, y el de sus hijos a unos diez cuartos. Hay niños que abandonan el hogar paterno en edad temprana, y se hacen traperos para subsistir. Su vida es absolutamente nómada y casi salvaje. Son notables por su audacia y la rudeza de sus costumbres»[39].

El barrio del Jardín del Rey [Jardin des Plantes], cuarto barrio del distrito XII, ha cambiado poco desde 1830. Ciertamente, la prisión de Sainte-Pélagie (en la esquina de la calle de la Clef con Puits de l'Ermite) ha desaparecido, así como el antiguo hospital de La Pitié (calle del Jardín del Rey, hoy calle de Geoffroy Saint-Hilaire), pero el único cambio real es la sustitución del mercado de vinos por la facultad de Jussieu en la década de 1960, a la que se unió enseguida el Instituto del mundo árabe.

*

¿Cuándo desapareció este París proletario, cuándo fueron expulsados del centro de la ciudad los obreros, los traperos, los pobres, los mendigos?

[39] Honoré Antoine Fréger, *Des classes dangereuses de la population dans les grandes villes et des moyens de les rendre meilleures*, París, Baillière, 1840. (Citado en Louis Chevalier, *Classes laborieuses et classes dangereuses*, París, Le Livre de poche, 1978, p. 606). La calle de Lourcine desapareció con la construcción del bulevar de Port-Royal. Estaba en la prolongación de la calle de Censier.

La respuesta habitual es que esta expulsión está ligada a las grandes obras de Haussmann durante el Segundo Imperio, prolongadas al inicio de la Tercera República. Lo cual es verdadero y falso a la vez. En el interior del París de los doce distritos, las destrucciones de Haussmann sólo fueron auténticamente masivas en dos lugares: la isla de la Cité, y los alrededores del antiguo Château d'eau donde la implantación brutal de la plaza de la República hizo desaparecer todo un barrio popular, creando un vacío inmenso del que nacen bulevares propicios a las cargas de caballería[40]. Más allá, las construcciones haussmannianas arrastraron a su paso pedazos enteros del París proletario, pero sin cambiar radicalmente su fisonomía[41]. Así, por ambos lados de los bulevares de Sébastopol y Strasbourg, las antiguas calles de Saint-Denis y Saint-Martin, y los arrabales que las prolongan, se quedaron en su sitio durante mucho tiempo indemnes, o casi. Y así una vez más, a pesar del destripamiento por la construcción del bulevar Saint-Germain, las calles de las Écoles y de Monge, el Barrio Latino conservó hasta la década de 1950 zonas enteras pobladas por proletarios, inmigrantes y vagabundos. Y Les

[40] Desde el cuartel de la plaza de la República (hoy cuartel Vérine) las tropas podían alcanzar los barrios agitados a través del bulevar Magenta, el bulevar del Temple (que existía, más estrecho), el bulevar Voltaire (del Prince-Eugène, bajo el Imperio), y la avenida de la República (de los Amandiers, hasta 1877).
[41] Por comodidad llamamos «construcciones haussmannianas» a ciertas vías diseñadas por Haussmann pero construidas o completadas después de 1870.

Halles, y el arrabal de Saint-Antoine, y el barrio de Mouffetard, y el barrio de Beaubourg —por limitarse a los lugares más famosos— no fueron desprovistos de su población pobre, ni privados de su espíritu rebelde, por las
construcciones del barón Haussmann.

Al inicio del siglo XX, muchos son los testimonios que
muestran la persistencia de un París miserable en el pe-
rímetro del muro de los Fermiers Généraux (para los
pueblos de la corona anexados en 1960 es otra historia):
Huysmans, Francis Carco, Léon Daudet, un poco más
tarde Eugène Dabit o Léon-Paul Fargue, o también el inimitable Henri Calet tras la liberación, todos hablan de
«esos inmensos barrios cuyos exiguos salarios conducen
a eternas privaciones a los niños y las mujeres», de rincones «para los desheredados de la suerte y los oprimidos
por la vida»[42].

En la década de 1950 conocí un Marais negro de mu-
gre y de hollín: los patios ocupados por cobertizos de cha-
pa ondulada, las tiendas sórdidas, los vendedores ambulantes empujando sus carros por la calle de Saint-Antoine. La
explanada de Beaubourg era un gran espacio baldío, pavi-
mentado, que durante la noche hacía las veces de garaje para los camiones de Les Halles y de refugio para los revol-

---

[42] J.-K. Huysmans, *Croquis parisiens*, La Bièvre, 1876. Reed. La Bibliothèque des
Arts, 1994, p. 128.

cones rápidos y tarifados. Los cafés de la calle Mouffe-tard eran tascas para mendigos, donde la entrada se hacía imposible para quien no era barbudo o harapiento. Entre Maubert y el Sena, en las calles de Bièvre, Frédéric-Sauton, Maître-Albert, los hoteles ofrecían habitaciones por días o semanas a los obreros venidos de África del Norte (no se decía «magrebíes»). En los patios del arrabal de Saint-Antoine, los ebanistas trabajaban día y noche. Los hospitales, en los que yo más tarde trabajaría, estaban tan llenos en invierno —de viejos, de pobres, de mujeres recién abortadas con ayuda de las famosas «aborteras»— que a veces había que tender sábanas en las capillas para colocar a algunos enfermos.

Más tarde, en los años 60, el centro de París se deshizo de sus pobres. Durante los años de De Gaulle-Malraux-Pompidou, vimos cómo se hacía realidad, en el espacio correspondiente al París de los doce distritos, el viejo sueño de los regentes de esta ciudad desde La Reynie, el primer lugarteniente de policía que dirigió el Gran Encierro de 1657. Tras la brutal modernización del viejo capitalismo francés, la especulación urbanística tomó un nuevo rumbo. La industria desapareció de París: era más rentable construir viviendas burguesas donde hubo viejos talleres (más tarde se convertirán en *lofts*). Todos los barrios proletarios del centro fueron sometidos a un proceso de expulsión-renovación-realojo a precios o alquileres inaccesibles para los habitantes originarios. Así es como los barrios inventariados por Villermé como míseros se convirtieron en su mayoría en zonas residenciales. El «ilustre valle de cascotes a punto de derrumbarse constantemente y de arroyos negros de barro» del que habla Balzac en la primera página de *Papá Goriot* ha dado paso a una red urbana que parece, unas veces, un barrio peatonal de provincias y, otras, una Disneylandia para turistas cultos. Ahora —¿por el momento?— la vida está en otra parte.

COLABORACIÓN Y FOTOGRAFÍA

EN LA FRANCIA DE HOY NO ES muy frecuente que los grandes escándalos salten a la primera plana. No es que falten las ocasiones, sino que la caja de resonancia —los medios de comunicación, que es así como la llamamos— está sofocada. Sin embargo, tenemos uno servido, a propósito de la exposición «Los parisinos bajo la Ocupación» [en la Biblioteca histórica de la ciudad de París]. Los periódicos, e incluso algunos ediles, se han indignado porque las fotos de André Zucca han sido presentadas sin precisar que este fotógrafo trabajaba para la edición francesa de *Signal*, la revista del ejército alemán. De ahí, páginas enteras sobre la relación entre historia y fotografía, fotografía y realidad, y otras ocurrencias. Lo cual permite no hablar demasiado de las fotos, a pesar de que son bastante interesantes. Se trata de imágenes en color, ya que Zucca recibió de los alemanes películas Agfacolor. Y son buenas fotos, o, siendo más precisos, negativos que datan de una buena época de la fotografía. Algunas imágenes —plataformas, pescadores con sus cañas, Les Halles— podrían estar firmadas por Doisneau, por ejemplo. Pero los responsables de la exposición han sido involuntariamente crueles al colocar las fotos por barrios, lo cual revela la verdad acerca de la presencia del ejército alemán en París. Las terrazas de los cafés de los Campos Elíseos están llenas, y los oficiales se pasean tan tranquilamente como si estuviesen en la Kurfürstendamm. Las bellas damas son sin duda las mismas que, tres o cuatro años antes, aclamaban el triunfo de Daladier en Múnich y gritaban sobre las aceras de la avenida: «Los comunistas, mochila al hombro; los judíos a Jerusalén». En el hipódromo de Longchamp, los pilotos de la Luftwaffe se fotografían al lado de bellezas tocadas con sombreros floreados a la última moda. En la Madeleine, distinguidas mujeres (¿a la salida de misa?, ¿de una boda?) descienden las escaleras acompañadas por jóvenes condecorados, en uniforme color gris oliva. En los barrios populares, por el contrario, no se ve un solo soldado alemán en las fotos de Zucca. Ni en Les Halles, ni en Ménilmontant, ni en la plaza de la República, ni en Belleville, donde captó una bonita imagen de la multitud entre el café La Vielleuse y su gemelo en el otro lado de la calle de Belleville, Le Point du Jour. Es muy simple: a esos barrios no iban los alemanes, ni como turistas, ni en coche, ni arma- dos —para eso ya estaba la policía francesa—. Es el París de la Resistencia, como indican las numerosas placas que recuerdan en estas calles los nombres de aquellos a los que deportaron, torturaron, fusilaron. Ése es el auténtico escándalo de esta exposición: muestra la diferencia entre las dos partes de la ciudad, la de la Colaboración y la otra. Esta diferencia sigue existiendo, pero los que ocupan el lugar de los colaboracionistas de antaño no saben de qué estamos hablando.

ZONA DE SOMBRA

TERCERMUNDISTAS: ES LO QUE SE decía, hace treinta años, de algunos barrios del París popular. Hoy, el Tercer Mundo y sus Kaláshnikov han dado paso al «Sur», que se beneficia del comercio justo y de la ayuda humanitaria, excepto si es fundamentalista, ya que en tal caso recibe bombas de fragmentación. En París, el Sur se sitúa más bien al norte, en el distrito XX entre otros. La calle de Ramponeau, que sube del bulevar de Belleville hacia la calle de Julien-Lacroix, es la más sureña de todas. Abajo, en la esquina del bulevar, está el territorio de los judíos tunecinos: cafés pobres donde los viejos juegan a las cartas y se insultan en árabe; tiendas que venden mezuzás y viajes en grupo a Eilat o Netanya; un restaurante donde Bébert prepara el cuscús con pescado, como en Túnez. Subiendo, el lado derecho de la calle está ocupado por un gran barrio que data de los años 70. La arquitectura es brutal y la población muy joven y casi enteramente negra. Los niños van en bicicleta por la calle, los muchachos discuten sobre fútbol y comentan tranquilamente los atractivos de las chicas que pasan. En verano, escuchan música a todo volumen en la radio del coche. Enfrente, en la acera de la izquierda, las referencias al subir son: una peluquería africana; un restaurante-colmado español cuya dueña, Ramona, lleva tantos años en el barrio que ya no sabe ni cuántos; más allá un descampado donde crece una vegetación salvaje y magnífica, vestigio pronto sacrificado por las actividades constructoras de la sociedad Bouygues; al fondo del descampado, talleres de artistas recuperados por el Ayuntamiento de París; más arriba, una avenida que conduce hasta una sucesión de calles cuya población es sobre todo china y en parte árabe; más allá, un bar sombrío y a menudo vacío, cuyo viejo dueño generalmente está en el umbral, con un sombrero en la cabeza y un cigarro en la boca. Me dijeron que estuvo en el Frente Nacional, lo que no le impide relacionarse cordialmente con los cachas del barrio. Frente al bar, un sin techo llamado Pierre —un sin techo no tiene apellido— ha elegido su casa, si así la podemos llamar, en uno de los rincones del barrio.

Vivo en una residencia —que nosotros, sus habitantes, llamamos «condominio»— justo al lado del restaurante de Ramona. La puerta de entrada, de madera oscura, no tiene nada de particular. Si sabemos el código, podemos cruzar el edificio a pie de calle por un pasillo, cerrado en un extremo por una verja. Se abre con una llave, pero también se puede llamar a cualquiera de los copropietarios por el telefonillo. Una vez cruzada esta verja, entramos en otro mundo: una sucesión de patios floridos, hierba, árboles, cielo, silencio. El paseo está salpicado de bicicletas de niño, de muebles de jardín y de juguetes de plástico. Los edificios de las viviendas son blancos y acogedores. La población también es blanca casi en su totalidad, incluidos los simpáticos extranjeros, que son, como otros residentes, arquitectos, diseñadores, informáticos, gente del cine, artistas o sociólogos. Los niños, numerosos, están a seguro, no juegan nunca en la calle. Las mujeres trabajan, los pequeños van a las escuelas del barrio, muy activas en la defensa de los sin papeles. Es una *soft gated community*, a cuyos habitantes quizás les gustaría que fuese menos *gated*: pero qué quieres, las cosas son como son.

En el otro extremo de París, saliendo de Trocadéro y bajando la calle de Raynouard, suntuosos edificios estilo 1930 se alinean a mano izquierda, al lado de la colina de Chaillot. Si conseguimos entrar siguiendo a un habitante, accedemos a un jardín suspendido que se abre sobre el vacío, con estatuas, pérgola, fuentes, un decorado para escuchar poemas de Valéry sentado en una butaca de Ruhlmann.

Pero rápidamente, un hombre elegante y educado, cuya soltura de movimientos parece haber sido adquirida en una sala de artes marciales, viene a preguntarnos qué buscamos, y si dices que no, que sólo estabas mirando, te indica que el lugar es privado y que no puede visitarse.

Si no hemos perdido la esperanza, todavía se puede bajar la colina hacia Auteuil y la sublime villa Boileau, arquetipo de la *gated community* de ensueño. En la garita de la entrada, el cancerbero está más bien distraído, de manera que no resulta difícil entrar detrás de alguien y recorrer tranquilamente las alamedas bordeadas de árboles centenarios mientras admiramos esas maravillas del *art nouveau* que constituyen las casitas de la villa. La mayoría de las veces no nos cruzamos con nadie: los propietarios están, sin duda, y según la estación, en Gstaad o en Formentera. Al salir, es poco recomendable coger el metro: la transición con la ciudad real deberá hacerse con más suavidad —a pesar de que en la línea 10 (Porte d'Auteuil-Gare d'Austerlitz) apenas encontramos pobres mujeres extenuadas arrastrando bolsas de plástico, ni trabajadores inmigrantes, como se dice ahora para evitar hablar de obreros—.

Pero en París, las residencias privadas constituyen síntomas dispersos que no hacen más que acentuar lo que todos sabemos: el aburguesamiento de los barrios pobres, la arrogancia de la riqueza extrema. La enfermedad que esta ciudad se arriesga a contraer es la del *apartheid*. Para los que encuentren que esta palabra es demasiado fuerte, haré un retrato rápido de lo que era la *rive gauche* en los años 50, en los tiempos de Henri Calet en el XIV y de Boris Vian en Saint-Germain-des-Prés.

En el Barrio Latino se concentraban todos los estudiantes de París, entre la Sorbona, la vieja facultad de Medicina, la facultad de Derecho de la plaza del Panteón, los anexos de la facultad de Ciencias cerca del Jardin des Plantes, la facultad de Farmacia cerca del Luxemburgo, colindante con la Escuela Colonial («la Colo»). Las grandes escuelas —Politécnica, Normal Superior, la Escuela de Minas, Central— se reparten alrededor de la cima de la montaña de Sainte-Geneviève. Bajando hacia el Sena, nos topamos con uno de los barrios miserables de los alrededores de la plaza Maubert: en la calle de la Bièvre, de Maître-Albert, de Frédéric-Sauton, obreros argelinos alquilaban habitaciones por semanas en hoteles de mala muerte. La sede del MTLD (Movimiento por el Triunfo de las Libertades Democráticas) de Messali Hadj se encontraba en la calle de Xavier-Privas, estrecha callejuela entre la calle de Saint-Severin y de la Huchette, en la misma época en la que la Internacional letrista instaló su cuartel general en un café cabilio. En ninguna de estas calles encontramos un solo restaurante. Del otro lado de la montaña, la plaza de la Contrescarpe y la calle de Mouffetard (el «continente Contrescarpe» de los situacionistas) eran el dominio de los vagabundos que allí tenían sus cafés, sus lugares de reunión, y sus zonas de aseo colectivo, como la pequeña fuente situada frente al pórtico de la politécnica. Más al sur, en el distrito XIII, que todavía no había sido demolido, se podían encontrar los lugares de *Los miserables* —no por mucho tiempo: dado que este distrito obrero votaba siempre a los comunistas, fue uno de los primeros en beneficiarse de la modernización que ya conocemos—. El XIV era un anexo del Barrio Latino hasta la plaza Denfert-Rochereau. Más allá, era ya periferia. Mis compañeros de instituto que vivían del lado de la puerta de Orleans eran casi todos de familia obrera.

La región de Saint-Germain y del Luxemburgo era claramente más *chic*, pero se podían encontrar panaderías y verdulerías —el mercado Buci todavía no era falso, ni el café de Flore vulgarmente esnob—. En resumen, una ciudad mezclada, donde se encontraban obreros en buhardillas de edificios burgueses y árabes que se alojaban a dos pasos de Notre-Dame, en el mismo lugar donde treinta años más tarde se establecería el futuro presidente de la República.

La *rive gauche* en la actualidad se parece a una ciudad burguesa de provincias, con sus monumentos venerables, sus tiendas de lujo y sus placas que recuerdan a los grandes hombres que allí vivieron y trabajaron: Richard Wagner, Oscar Wilde, Robert Desnos o Pablo Picasso (ninguna mujer, por otra parte, en estas placas). Con la notable excepción del gran barrio chino del distrito XIII, cada uno está en su sitio, los negros en los camiones de la basura o en la obra, los árabes en sus colmados, los portugueses en sus porterías, los turistas en las terrazas de los cafés, la policía en ningún sitio, invisible —lo que confirma que su papel es el de dar miedo a los pobres, más que el de proteger a los ricos—. La purificación étnica y de clase se ha producido tranquilamente, sin otra violencia que, silenciosa y despiadada, la de la renovación urbana y la subida de los alquileres.

En la *rive droite*, la situación es algo más complicada. Ciertamente, al oeste de una línea que va de Les Halles a la puerta de Clignancourt —por la antigua vía de las pescaderías, la calle Poissonnière, la calle del Faubourg-Poissonnière doblada por el bulevar Barbès— siguen estando los «buenos barrios» con variantes, de Marcel Proust a Amélie Poulain. Al este de esta línea, allí donde se mezclan los recuerdos de junio de 1848, de la Comuna y de la Resistencia, el París popular hace lo que puede para aguantar. Los estragos «urbanísticos» del gaullismo y de la época de Pompidou afectaron a la Gota de Oro, los altos de Belleville, Ménilmontant y Charonne; las riberas del canal de Saint-Martin, donde Baudelaire iba «tropezando con las palabras como con los adoquines, chocando a veces con los versos hace tiempo soñados», quedan invadidos, en las tardes de verano, por la juventud emprendedora; el gran mercado africano de la calle de Dejean, donde todavía se pueden comprar todos los pescados del golfo de Guinea, se ve cada vez más amenazado; la renovación afecta hasta a rincones tan retirados como la calle de Myrha o la calle de Département, pero eso no impide que los pobres, los extranjeros con o sin papeles, los hijos de los obreros argelinos, marroquíes o malienses que se han construido sus residencias igual que yo, se encuentren aquí en su casa, y no es de los hombres de azul ni de las sirenas a dos tonos de lo que tienen miedo.

El límite que materializa el *apartheid* a veces está trazado con tiralíneas, como el bulevar de Rochechouart entre el muy burgués IX —la avenida Trudaine, la plaza de Anvers— y el turbulento distrito XVIII, y a veces es impreciso, como en el X, donde la región de las estaciones del Norte y del Este, el barrio ceilandés y pakistaní a lo largo de la calle del Faubourg-Saint-Denis acaba, con una suave pendiente, si así se le puede llamar, en los tranquilos y residenciales alrededores del hospital Saint-Louis: regiones mixtas, como existían en la periferia de Harlem en los años 60.

Se trata, por tanto, de una suerte de *apartheid* más que de la división establecida por las *gated communities*, salvo que consideremos que, por sus puertas con código de acceso, todas las viviendas parisinas son *gated*. Pero podemos también defender la idea de que la ciudad entera tiende a convertirse en una comunidad cerrada, en la que las cancelas adquieren la forma de flujos viales en superficie —como en Johannesburgo, cuyos barrios negros están rodeados de vías rápidas y de rampas de salida—, y donde los vigilantes, personajes emblemáticos de la *Comedia* de nuestra época, son hombres (y mujeres) cuyas gorras y botas militares recuerdan el aspecto de la policía en las series americanas, y que se supone que tienen que imponer el orden y proteger las propiedades. Bajo tierra, controles de acceso aleatorios llevados a cabo por los revisores de la RATP, y los terroríficos equipos de los GPSR (Grupos de Protección y Seguridad de la Red), aseguran el hermetismo. La situación no es la misma en todas partes: de los castaños de Indias de la avenida de Henri-Martin pasamos al Bosque de Boulogne, casi sin darnos cuenta, por encima de la circunvalación soterrada, mientras que cruzar a pie la puerta de Pantin sería una siniestra y peligrosa hazaña.

Algunos barrios periféricos ya forman parte de la comunidad cerrada: Neuilly, claro está, pero también Levallois o Issy-les-Moulineaux, Montrouge y, mañana, Montreuil. El Gran París, anhelado tanto por el alcalde de la ciudad como por el presidente de la República, acabará por englobar a todos los municipios limítrofes, incluso Saint-Denis, incluso Aubervilliers, incluso Saint-Ouen, una vez que se hayan deshecho de sus habitantes. Así, la cancela de la circunvalación se desplazará levemente, como el telón de acero que, veinte años después de su caída, se encuentra reconstituido en la periferia del espacio Schengen. Y las nuevas tecnologías, que harán de las cámaras de vigilancia y de los tests de ADN conmovedores arcaísmos, conseguirán que esta nueva cancela sea virtual y limpia, manteniendo a los indeseables fuera de la ciudad prohibida.

Tal es el guión escrito por los urbanistas policiales, los expertos en seguridad, los vendedores de *chips* implantables y los fabricantes de sensores de visión nocturna. Son demasiado incultos para saber que el viejo sueño de encerrar París y de vaciarlo de sus pobres, de sus delincuentes, de sus locos y de sus extranjeros casi siempre acaba en una reacción violenta. La zona de sombra que proyecta tal acontecimiento se extiende a lo lejos. En los últimos tiempos, la vemos avanzar todos los días.

LOS NOMBRES DE
LAS CALLES DE PARÍS

PARA IR DE LA PLAZA DE LA REPÚBLICA al canal de Saint-Martin podemos elegir entre la calle de Beaurepaire y la calle de Léon Jouhaux. Nicolas Beaurepaire, que comandaba durante la Revolución el regimiento de Maine-et-Loire, dirigía en septiembre de 1792 la defensa de Verdún asediada por los prusianos. Una vez que el Consejo Municipal hubo tomado la decisión de capitular, Beaurepaire se pegó un tiro en la cabeza —o fue asesinado, no sabemos bien—. La Convención votó el traslado de sus restos mortales al Panteón. Léon Jouhaux, por su parte, organizó con dinero norteamericano la escisión del movimiento sindical francés en el momento de las grandes huelgas insurreccionales de 1947. Recibió en 1951 el Premio Nobel de la Paz. Así, a merced de las mayorías municipales y del espíritu de la época, la gloria y la infamia se convierten en vecinas mediante las placas azules donde están inscritos los nombres de las calles de París.

No siempre ha sido así. Durante mucho tiempo, las calles llevaban nombres que no tenían nada de político. Calle de las Lavanderas de Santa Oportuna, calle del Corazón Yaciente, calle del Gato Pescador, calle de los Mantos Blancos[1], estos nombres poéticos que se encuentran en algunos barrios datan de la Edad Media o del Antiguo Régimen, y estaban ligados a una característica, a un detalle particular de la calle. Estaban ahí para designar y no para honrar a nadie. Las escasas excepciones eran los nombres de los miembros de la familia real —como la plaza y la calle Dauphine, en honor al *delfín*, el futuro Luis XIII— o de los grandes ministros, como Mazarin, Richelieu o Colbert, pero en este caso el nombre de la calle estaba ligado al palacete que estos personajes ilustres se habían hecho construir.

En muchas ocasiones, una enseña daba nombre a la calle: del Rey Dorado, de la Luna, de la Paloma, del Árbol seco[2]. En ocasiones era un propietario local, como Simón el Franco, Aubry el Carnicero o Bertín Acelga[3]. Otras veces,

---

[1] Rue des Lavandières-Sainte-Opportune, rue Gît-le-Cœur, rue du Chat-qui-Pêche y rue des Blancs-Manteaux. Todas las notas con los nombres originales de las calles son de la traductora.
[2] Rue du Roi Doré, rue de la Lune, rue de la Colombe y rue de l'Arbre-Sec.
[3] Rue Simon-le-Franc, rue Aubry-le-Boucher y rue Bertin-Poirée.

el nombre evocaba el oficio que allí se ejercía: Forjadores, Vidriería, Cuchillería o Gran Truhanería[4]. En algunos lugares, procedía de una iglesia o de un convento que bordeaba la calle, o en el que ésta desembocaba: calle de las Monjas de Hyères, de las Haudriettes, de los Padres de San Severino o la calle de San Martín[5], que conducía al gran priorato de San Martín de los Campos, el actual conservatorio de Artes y Oficios.

La Revolución abolió los «santos» y rebautizó las calles demasiado marcadas por el Antiguo Régimen: la calle de Nuestra Señora de las Victorias se convirtió en la calle de las Victorias nacionales; la plaza Vendôme se convirtió en la plaza de las Picas; la calle Real, en la calle de la Revolución; y la calle de los Francos Burgueses, en la calle de los Francos Ciudadanos[6]. Pero los únicos seres humanos de la efímera toponimia revolucionaria fueron los grandes mártires: la plaza Chalier (de la Sorbona), calle de Marat (de la Escuela de Medicina).

Fue bajo el Imperio cuando, por primera vez, los nombres de las calles fueron utilizados de forma masiva para

---

[4] Rue de la Ferronnerie, rue de la Verrerie, rue de la Coutellerie y rue de la Grande-Truanderie.

[5] Rue des Nonnains d'Hyères, rue des Haudriettes, rue des Prêtres-Saint-Séverin y rue Saint-Martin.

[6] Rue Notre-Dame-des-Victoires, rue des Victoires nationales, place Vendôme, place des Piques, rue Royale, rue de la Révolution, rue des Francs-Bourgeois y rue des Francs-Citoyens.

glorificar el régimen: las victorias —Lodi, Castiglione, Marengo, Rivoli, Austerlitz, Iéna— y los muertos en combate —Desaix (muerto en Marengo), Bourdon, Castex, Morland, Valhubert (muertos en Austerlitz)—. Napoleón III seguirá el ejemplo de su tío: entre las nuevas calles diseñadas por Haussmann, varias llevan el nombre de las victorias en Crimea —L'Alma, Malakoff, Sébastopol— o en Italia, sobre los austriacos —Magenta, Solférino, Palestro, Turbigo—.

Al inicio de la III República se hizo necesario encontrar muchos nombres nuevos, tanto en los barrios centrales, donde las construcciones haussmannianas todavía estaban en obras, como en la periferia, donde se completaba la anexión de los pueblos de la corona, de Auteuil a Montmartre, de Batignolles a Belleville. En la lista de estos nombres se entrevé la lucha entre el Consejo Municipal, anticlerical, radical y socialista, y el prefecto del Sena, que seguía las consignas del ministro del Interior. Sin embargo, parece que hay un punto en el que hubo consenso: la glorificación de la epopeya colonial, de Argelia (calle de la Smala, de la Mouzaïa, de Constantine), de Tonkín (calle de Sontay), e incluso de China (calle de Pali-Kao), sin contar los numerosos oficiales que ganaron galones y estrellas en estas campañas, como Bugeaud, Lamoricière, Lamy, Marchand, Gouraud, Mangin, Faidherbe, etc.

Anticlericales y dreyfusianos consiguieron darle a la calle de los Rosiers, que subía hacia el Sacré-Coeur en construcción, el nombre de Chevalier de la Barre, pasado por la rueda en 1766 por blasfemias y falta de respeto en una procesión. Igualmente, el nombre de Étienne Dolet, impresor humanista quemado en 1546 por difusión del ateísmo, le fue dado a una callecita que conduce a la iglesia de Ménilmontant. Los elegidos de izquierda consiguieron incluso homenajear a algunas figuras de la Comuna, con las calles de Charles Delescluze, Eugène Varlin, Jules Vallès, Jean-Baptiste Clément o la plaza Jules Joffrin.

Pero la audacia de los ediles tenía sus límites. Tratándose de la Revolución, eligieron honrar a los dantonistas —Camille Desmoulins, Fabre d'Églantine, Héraut de Séchelles y el mismo Danton— y a los girondinos, como Vergniaud, Pétion o Condorcet. Incluso en los buenos barrios encontramos vías que conmemoran a termidorianos presentables, como Cambon, Carnot o Boissy d'Anglas. Pero no es en París, sino en la periferia, en el ex cinturón rojo, donde podemos encontrar las calles de Marat, Robespierre, Varlet o Babeuf. Es cierto que existe una calle Saint-Just en París, pero es difícil de encontrar, escondida entre la parte trasera del Instituto Honoré de Balzac y la circunvalación: nadie vive allí, puesto que bordea el muro de entrada al cementerio de Batignolles.

Tras la Liberación, el Consejo Municipal social-co-munista les dio a varias vías importantes los nombres de muertos de la Resistencia: Corentin Cariou y Corentin

Celton; Marx Dormoy; Jean-Pierre Timbaud, fusilado en Chateaubriand; Coronel Fabien, muerto en el frente de Alsacia en 1945; Léon-Maurice Nordmann, de la red del Museo del Hombre. En la lista encontramos incluso una mujer, Danielle Casanova. Y, sobre la marcha, el Consejo decidió en 1946 ponerle el nombre de plaza de Robespierre a la plaza del Marché-Saint-Honoré, lugar del convento de los Jacobinos y del célebre club cuyo animador y orador más visible fue Robespierre. La anomalía no duró más que cuatro años: en 1950, el Consejo, ya de derechas, suprimió del mapa parisino este nombre detestable.

Más recientemente, la construcción de un nuevo barrio alrededor de la Biblioteca Nacional de Francia ofrecía una ocasión excepcional para honrar la literatura moderna. Pero los nombres elegidos revelan los gustos literarios de nuestros ediles: ni Sartre, ni Genet, ni Beckett, ni Foucault... sino François Mauriac, Jean Anouilh, Georges Duhamel y Marguerite Duras.

Hoy son escasas las vías nuevas a las que bautizar, así que se les da nombre a los cruces: plazas de Hannah Arendt o Henri Krasucki en Belleville, plaza de Michel Debré en Saint-Germain-des-Prés. Pero aún se podría hacer mejor: ¿por qué no rebautizar las vías cuyo nombre es un deshonor urbano? La plaza de Napoleón III ante la estación del Norte; la avenida de Mac-Mahon —general capitulador, presidente faccioso, cretino notable—; la calle de Thiers, inconcebible en París; la calle de Alexis-Carrel, falso científico, eugenista y vichysta. Y entre los setenta y un generales que dan nombre a una calle, ¡cuántos criminales de la guerra colonial, cuántos verdugos del pueblo parisino merecerían volver al anonimato! Podríamos sustituirlos por mujeres, casi ausentes del plano de París, si exceptuamos a las santas y a las monjas. Podríamos añadir personajes novelescos: Lucien de Rubempré o Charles Swann; sin duda, están más legitimados para tener en París una calle con su nombre que muchas de esas viejas glorias burguesas y académicas.

LA ÚLTIMA BARRERA

DE TODAS LAS GRANDES CAPITALES, París es sin duda la única
que ha crecido como una cebolla: de la muralla de Felipe
Augusto a la de Georges Pompidou, las seis murallas, bulevares, muros de fielato y vías rápidas que se han ido sucediendo para ponerle límites a la ciudad han dejado sus
marcas concéntricas sobre los planos y la memoria. Hoy
se plantea una difícil cuestión: ¿cómo borrar la de fecha
más próxima, pero no la menos temible de sus murallas:
la circunvalación? En el pasado, el proceso no era más
que una variación respecto a lo que describe Victor Hugo
en *Nuestra Señora de París*: «Las casas se comprimen, se
acumulan y suben de nivel como el agua en un depósito.
Comienzan a ser profundas, añaden plantas y más plantas, suben las unas sobre las otras, crecen en altura como

savia comprimida, y hay que intentar crecer por encima de tus vecinos para tener un poco de aire. La calle se hace cada vez más profunda y estrecha: cualquier espacio se llena y desaparece. Las casas finalmente saltan por encima del muro de Felipe Augusto y se esparcen alegremente por la llanura sin orden ni concierto, como desertores». Y aunque se hace difícil, en la llanura que rodea París, *esparcirse alegremente*, la idea de hacer estallar los veinte distritos —que están ahí desde hace siglo y medio— es conforme con la historia de la ciudad.

La primera dificultad es física: se refiere a la anchura del espacio que separa París de la periferia, entre los últimos edificios de la capital y los primeros de los municipios que la rodean. Allí hay un vacío de varios centenares de metros, donde se yuxtaponen de manera desafortunada dos terrenos expropiados y paralelos: el de las antiguas fortalezas, recorrido por el bulevar de los mariscales y escasamente urbanizado por el cinturón de pisos de protección oficial de las décadas de 1920 y 1930 (las *Habitations à Bon Marché*, antecesoras de las HLM o *Habitations à Loyer Modéré*), y el de la circunvalación, más desértico aún. Este vacío es infinitamente más vasto y más difícil de llenar que el surgido tras la destrucción del muro de los Fermiers Généraux en la década de 1860. Entonces bastaba con poca cosa para que, en las barreras, los antiguos arrabales se encontrasen con la calle central de los municipios anexos. Así, la calle del Faubourg du Temple se unió fácilmente a la vía principal del municipio de Belleville: la calle de París, rebautizada calle de Belleville entre los nuevos distritos XIX y XX. Y el cruce surgido de esta unión (en el metro de Belleville) es hoy uno de los lugares emblemáticos de París, más animado y pintoresco que la mayoría de los sitios de la ciudad-museo. Lo mismo sucede en Barbès, aunque el eje Faubourg Poissonnière-calle de los Poissonniers haya sido eclipsado por el más moderno que forman el bulevar Magenta y el bulevar Barbès. Y allí donde la unión ha sido más problemática —por la ausencia de una calle principal que sirva como eje en el municipio anexado— el resultado ha sido, generalmente, una plaza, ciertamente poco acogedora (plaza de la Nation, plaza de Italie, plaza de Ternes), pero en ningún caso un *no man's land* siniestro.

Las obras de la puerta de Les Lilas —enterramiento de la circunvalación, acondicionamiento del espacio entre el distrito XX y los municipios de Les Lilas y de Pré-Saint-Gervais— muestran que el objetivo actual es otro. Incluso si la intención anunciada es la de unir, el resultado previsible será una separación.

Admitamos que las viviendas de protección oficial del bulevar Mortier constituyen el límite extremo de París, aunque componen un conjunto articulado por falsas calles desiertas. La distancia que las separa de los primeros edificios de Les Lilas es de unos doscientos metros. Y estas primeras construcciones, orientadas paralelamente a la circunvalación soterrada, son grandes edificios de oficinas en el peor estilo pseudo todo lo que se quiera, característica de los años 2000. La inquietud aumenta cuando nos enteramos por algunos carteles de que está previsto llenar este espacio con un jardín «donde la presencia de la naturaleza se afiance bajo el signo del desarrollo sostenible». A ambos lados de este espacio verde —signo, allí, como a menudo, como en Les Halles, de una renuncia del pensamiento y de la imaginación—, París y la periferia quedarán enfrentados cara a cara. No habrá ningún vínculo humano entre la parte alta de la calle de Belleville y la calle de París en Les Lilas —espacio que quedará atravesado por rampas de salida y adornado por «puntos limpios», donde flotarán latas de cerveza vacías—.

Para unir, para tener éxito, habría sido necesario trabajar en el otro sentido, prolongar la calle de Belleville a través del espacio informe de la puerta de Les Lilas, después por encima de la circunvalación soterrada, para alcanzar la calle de París en el punto en el que todavía es una vieja calle de pueblo. Habría sido necesario crear una calle viva que actuase como eje (exactamente lo contrario a esas vías donde sopla un viento helado, como en el nuevo barrio del este parisino, alrededor de la Biblioteca Nacional de Francia). Esto supone una construcción lenta, pensada, modesta, de un urbanismo nuevo apoyado en los elementos bellos esparcidos por la zona. Pero, sin duda, éste es un modo de actuar incompatible con la rentabilidad de las inversiones necesarias.

La segunda dificultad del ensanchamiento de París no es urbanística, sino política, aunque esta distinción sea casi tan artificial como la oposición clásica entre forma y contenido. En 1860, la anexión de los pueblos de la corona, que hizo que París pasase de doce a veinte distritos, unió a la capital territorios y habitantes. Si a continuación los molineros fueron desapareciendo progresivamente de Montmartre; los viñadores, de Belleville; los estibadores, de La Villette; y los trabajadores de las locomotoras, de La Chapelle, no es porque fueran expulsados: la ciudad moderna ya no los necesitaba. Hoy la situación no está tan clara, varía según las zonas. Los municipios residenciales, escalonados en un gran arco al oeste, que iría desde Vanves hasta Asnières —con los enclaves en el este a lo largo del bosque de Vincennes—, ya hacen las veces de nuevos barrios de París: las fronteras con la capital a menudo se borran, o casi; las comunicaciones con el centro son sencillas; los habitantes apenas se distinguen de los que habitan los barrios burgueses de intramuros. Pero funciona de otro modo en el antiguo cinturón rojo. Allí, de Ivry y Vitry a Saint-Denis y Aubervilliers, en un tejido urbano más bien deteriorado, los habitantes son en su mayoría «inmigrantes de segunda generación», como dicen los periódicos; es decir, negros y árabes.

Ahora bien, París intenta desde hace tiempo deshacerse de este tipo de población: ya se concentra en el norte y el este de la ciudad, y cada día está sometida a la doble amenaza de la caza de sin papeles —figura central, aunque no única, de las persecuciones policiales y de la renovación urbana—. Proceso que no tiene nada de novedoso: desde que La Reynie, primer lugarteniente de policía, organizó el Gran Encierro de los pobres en mayo de 1657, la acción conjunta de los urbanistas y de la policía no ha cesado de alejar a las clases peligrosas, para acabar, en la época moderna, por hacinarlos en las viviendas «sociales» de la ex periferia roja.

De ahí la cuestión, para los defensores del Gran París: ¿cómo hacer para no crear en la periferia lo que tanto nos ha costado expulsar del centro? Entre los diez proyectos presentados en estos días para responder a la llamada del presidente de la República, algunos aportan conatos de respuesta.

Uno (Antoine Grumbach) propone extender la aglomeración parisina hasta el Havre, pasando por Ruan. Además de que este proyecto recuerda a una idea de Ferdinand Lop, humorista del viejo Barrio Latino injustamente olvidado, que proponía prolongar el bulevar Saint-Michel hasta el mar, permitiría enviar a los badanas de todo tipo

148

mucho más lejos aún, hacia los puertos por los que algunos de sus ancestros entraron en el país.

Otro (Christian de Portzamparc) imagina desplazar las estaciones del Norte y del Este hacia la periferia, y reemplazar las vías férreas actuales por pasillos verdes. Suprimir las estaciones —sobre todo la estación del Norte, continuo campo de batalla de la guerra civil— sería acabar con lo que queda de difuso, de poco controlado en la ciudad. Y evitaría la diaria afluencia al centro de decenas de millares de individuos preparados para provocar no se sabe bien qué problemas a la primera de cambio. Afortunadamente, como escribió Balzac en *Esplendor y miserias de las cortesanas*, «la naturaleza social en París comporta tales imprevistos, complicaciones de coyunturas tan caprichosas, que la imaginación de sus inventores se ve en todo momento sobrepasada».

SENTADOS SOBRE BAYONETAS

¡QUÉ EXTRAÑA IDEA LA DE PLANEAR un Gran París! El Gran
París ya existe, está ahí, delante de nuestros ojos. Su población asciende a unos diez millones de habitantes, dos
dentro de la ciudad y ocho fuera. Los que viven dentro
son blancos en su mayoría, menos en los tres últimos
distritos con dos cifras, los del nordeste, donde encontramos a la vez blancos, árabes, negros y chinos. Dejando a
un lado estos barrios, la población que vive dentro tiene
los medios para hacerlo, es decir, puede pagar alquileres
de cuatro cifras. Las tiendas son caras y de buen gusto, los
restaurantes están llenos y los turistas encantados. La
policía es discreta y cortés; la justicia, comprensiva; y allí
está lo mejor del país en materia de periodistas, artistas
y sociólogos, cuando no están haciendo trabajo de campo.

Este terreno a menudo está constituido por *lo de fuera*. Está separado de *lo de dentro* por una barrera cuyos puntos de referencia son las puertas.

Estas puertas son fácilmente reconocibles, porque de allí salen los autobuses, cuyos números tienen dos cifras cuando viajan hacia el interior, y tres cuando lo hacen hacia el exterior. Estos últimos son, además, modelos más antiguos, y no circulan por la noche. Las gentes de fuera trabajan a menudo dentro, como cajeras, vigilantes, o encargados de tareas como la limpieza, las obras o el reparto. Para pasar de su alojamiento de fuera —en los barrios que solemos llamar «sensibles», sin que nunca se precise en qué consiste esta sensibilidad— a su trabajo de dentro, suelen transitar por la estación Châtelet del RER, cuyo centro está tan animado que se le ha dado el nombre de *pinball*. Los que no tienen trabajo (y son muchos, sobre todo entre los árabes y los negros, de los cuales hay muchos en la población de fuera) tienen la ventaja de evitar el *pinball*. Pueden, como los otros, por otra parte, aprovechar la presencia de la policía, que patrulla armada y en fila por los barrios, y que tiene la ocasión de mostrar una sensibilidad excesiva.

Algunos piensan que la separación dentro-fuera constituye un *apartheid*. Sea como fuere, es difícil ver cómo los grandes gestos de arquitectos y urbanistas oficiales podrán romper la barrera física y política que corta el dentro y el fuera y hacer del Gran París una ciudad para todos sus habitantes.

Otra extraña idea es la de pedir que se negocie —que se regrese a la «mesa de negociaciones»— para encontrar una solución a lo que se sigue llamando el «conflicto» palestino-israelí. Sin embargo, allí, ante nuestros ojos, desde hace cuarenta y tres años, entre el Jordán y el mar existe un Estado único, con un Gobierno, una Administración, un ejército y una población que, como la del Gran París, asciende a una decena de millones de seres humanos. Si las cosas no van bien en este Estado único es porque esta población está dividida en dos grupos, de los cuales uno tiene todos los derechos y el otro ninguno. Los que tienen todos los derechos viven sobre todo al oeste del país, en lo que era el Estado de Israel antes de la guerra de 1967. Pero cada vez son más numerosos en el este, como colonos o como soldados, más allá del muro de separación que han edificado para protegerse de las acciones de los que no tienen derecho alguno. Para ellos, los judíos israelíes, la vida es tranquila y hay acuerdo a la hora de decir que Tel Aviv es una de las ciudades del mundo donde las fiestas son más espléndidas, los artistas más creativos y la prensa más libre.

Entre los que no tienen ningún derecho —los palestinos— están aquellos a los que la noción misma de derecho les es negada: los habitantes de la franja de Gaza; es decir, más de un millón de seres humanos en un rectángulo de 30 × 10 km, rodeado de alambradas por tres lados, con el mar en el cuarto. La mayoría de los otros palestinos vive al este del muro de separación. No pueden ni desplazarse libremente, ni ir a vivir a otro sitio, ni casarse con quien deseen, ni comprar terrenos. Tienen sobre sí a la Autoridad Palestina, organización de suplentes sostenida por los que tienen todos los derechos, y cuya misión es prevenir y reprimir todo movimiento serio de descontento.

Algunos consideran que la separación entre estos dos grupos humanos constituye un *apartheid*, pero juristas sudafricanos de visita han explicado que el término no es conveniente, ya que nunca el poder blanco de Sudáfrica envió aviones para bombardear Soweto. En todo caso, es difícil imaginar cómo la ronda de enviados especiales norteamericanos podría permitir transformar este Estado único en Estado de todos sus ciudadanos, libres e iguales en derechos.

En París, como en Palestina, lo que prevalece es una negación de la realidad. Los que están en el buen lugar intentan mantener el *statu quo*. Para probar lo contrario —su voluntad de que las cosas cambien— se sirven de arquitectos aquí y de diplomáticos allá. Pero deberían recordar que la realidad negada acaba siempre por vengarse, y que, como decía Talleyrand, «con las bayonetas se puede hacer de todo, menos sentarse encima».

PARÍS EN TENSIÓN

TODO LO MALO QUE SE DICE del París de hoy es verdad: que las calles chics del centro parecen el *duty free* de un aeropuerto internacional, que el *apartheid* entre ricos y pobres es cada vez más riguroso, que la parte de los barrios populares del norte y del este se estrecha cada día más, que ya no se encuentran lugares de reunión, habiendo perdido la idea misma de reunión una buena parte de su sentido. El vocabulario de los periodistas especializados, de los sociólogos y de los ediles refleja la grisura que se expande por la ciudad —la grisura y no el gris, que es el gran color parisino, el del cinc de los tejados, del granito de las aceras, y del enlucido de los artistas yeseros, antaño de Creuse y ahora de Mali—. Proximidad, mezcla, convivencia, solidaridad, toda esta palabrería resuena como la denegación de una gran pérdida, la de la idea de una felicidad común.

Algunos llegan a la conclusión de que la entropía acabó para siempre con la fuerza de ruptura de París, que la metrópoli se ha desinflado como un neumático viejo y que ya no podemos esperar más en materia de fiebre insurreccional. Eso es ir un poco deprisa. Pensemos en el París de finales de la década de 1780, el que describe Sébastien Mercier en su *Cuadro*: ¿quién ha sabido leer en esta ciudad lodosa y miserable los signos premonitorios de las convulsiones venideras? Todos pensaban que duraría para siempre esta situación en la que «el pueblo de París es el pueblo de la tierra que más trabaja, que está peor nutrido, y que parece más triste».

Es muy posible que la insurrección que viene no estalle en París. Desde hace años, la juventud de otras ciudades ha adquirido en esta área un saber hacer que deja bien atrás al tibio Barrio Latino actual. Además, recordemos que los grandes disturbios, los precursores de la Revolución, tuvieron lugar en Rennes, Pau, Ruan, Grénoble, donde el pueblo subido en los tejados expulsó de la ciudad, bajo una lluvia de tejas, a los soldados de los Marines Reales. Pero gracias a esta insurrección, París va a despertarse y a retomar el empuje hacia el norte y hacia el este, que es su manera de ganar en músculo, ya que el crecimiento hacia el oeste no es más que grasa. La ciudad va a saltar la circunvalación de Georges Pompidou, tal y como franqueó el muro de Felipe Augusto, el de Carlos V, el de los Fermiers Généraux y las fortificaciones de M. Thiers. Bajo el impulso de los sin techo, los que viven en precario, los hacinados, los expulsados, los habitantes de bloques desvencijados, veremos hacerse realidad lo que burócratas, políticos y expertos no han sabido, o mejor: no han querido, hacer: la unión física del París popular y del de más allá de la periferia.

Pero ¿cómo conseguir que estos grandes espacios vacíos entre las puertas de París (*puertas*, palabra terrible) y las viejas calles de los municipios del nordeste, estas tierras de nadie atravesadas por enlaces de acceso, sobrecargadas de espacios verdes miserables y zonas deportivas deterioradas, no se conviertan en barrios glaciales, como el que se ha construido alrededor de la vergonzosa Biblioteca Nacional de Francia y sobre las vías de la estación de Austerlitz? La primera condición es la de eliminar a todos los arquitectos oficiales, a todas las *vedettes*, a todos aquellos y aquellas cuyos edificios llenan el vacío colorido de las revistas de arquitectura: eliminación por otro lado sencilla, ya que la mayoría de ellos emigrarán tras los primeros signos de la insurrección victoriosa. Lo mismo sucederá con los urbanistas, cuyo oficio estaba inscrito en el linaje de los pacificadores coloniales.

Entonces, ¿construir sin arquitectos? En la calle del Orillon, callejuela pobre del distrito XI de París, podemos ver, en la esquina de la calle de Morand, un edificio de dos plantas visiblemente nuevo. Al pasar casi todos los días por esta calle, he comprobado cómo avanzaba su construcción, que me recordaba a lo que se hacía en los campos de refugiados palestinos.

Paréntesis: es en estos campos —en los menos miserables de ellos— donde sobrevive la arquitectura «espontánea» de los pueblos de Palestina, mientras que la burguesía palestina construye en Ramala y otros sitios horribles edificios pseudoorientales mezclados con préstamos de la arquitectura de las colonias israelíes.

El edificio de la calle del Orillon se construía, parece ser, al ritmo de los materiales que se habían podido comprar, ya fueran ladrillos o bloques, y la forma general parecía evolucionar según la inspiración de los albañiles árabes. Y a pesar de esta aparente improvisación, una vez acabado, es perfecto: en cuanto le hayan dado el enlucido, tendremos la impresión de que siempre ha estado allí.

Ha habido un arquitecto para este edificio —obligatoriamente: no se dan permisos de construcción sin arquitecto—, pero no sólo ha dejado a los albañiles trabajar a su modo, sino que ha tenido en cuenta el lugar, el ambiente, la historia y, sin duda, el deseo de sus futuros habitantes.

Es un modo de construir sabio y espontáneo, artesanal y colectivo, que permitirá reunir finalmente, tras la insurrección, el tejido urbano de los antiguos pueblos anexionados a París hace mucho tiempo (Batignolles, La Villette,

158

Belleville, Charonne...) y el tejido urbano tan noble de los municipios que llamaríamos medianeros, ya que lo que los separaba no era el espacio informe que los mantiene a distancia. Tomaremos como ejemplo un asunto del que se trata en otra parte de este libro: es a la arquitectura de la calle del Orillon y semejantes, a los albañiles árabes, portugueses o malienses (pienso en los del piquete huelguista que ha aguantado en este lugar durante un año), a los que habrá que confiar la tarea de construir la calle que unirá la parte alta de la calle de Belleville en París con el inicio de la calle de París en Les Lilas. Esta larga arteria atravesará y estructurará el gran vacío que quedará encima de la circunvalación soterrada, que ningún ser en sus cabales se atrevería a cruzar por la noche. Habrá que trabajar sobre tejido sano, como dicen los cirujanos; es decir, habrá que demoler los dos edificios horribles que bordean el inicio de la calle de París, con el hotel y el centro comercial cercanos. En esta nueva construcción, donde las únicas constricciones serán el respeto de la alineación, del trazado y los colores parisinos, donde habrá viviendas, claro está, pero también lo que constituye *una calle* —lo contrario de esas vías rápidas, como se las llama, de manera abusiva, en los barrios nuevos—: panaderías, salas de conciertos, cines, verdulerías, quioscos de periódicos... Podríamos llamar a esta calle Jean Valjean, bulevar Robespierre, o calle de Djamila Boupacha, pero esto dejaremos que lo decidan los vecinos.

159

Que no se pregunte más cuánto tiempo se tardará, ni cuánto dinero hará falta. Todo irá muy rápido, ya que no se harán más oficinas en Levallois, ni nuevas torres en La Défense, aunque los maravillosos artesanos de la construcción parisina vendrán a trabajar en masa, y con entusiasmo, para alojar a sus hermanos y hermanas de clase en este nuevo París. Y esta forma de construir costará diez veces menos que los edificios con fachada de cristal reflectante de los que los promotores se enorgullecían antes de su huida precipitada.

Tal obra se acompañará de una subida de tensión en el centro de París. Los jóvenes y no tan jóvenes habitantes de los barrios *sensibles* de Colombes, Villiers-le-Bel o Argenteuil no tendrán miedo ni vergüenza de aportar su sensibilidad a los barrios más desprovistos. Las bronceadas vendedoras de las tiendas de lujo abandonadas los acogerán, sorprendidas al comienzo, después encantadas de no tener nada más que ver con la arrogancia y el desprecio. Nos arremolinaremos bajo la carpa del circo ambulante instalado en la hierba del Elíseo y en las salas de conciertos del cercano Ministerio de Educación, en el bulevar Saint-Germain. En 1793, un observador anotaba que «los ciudadanos del exterior más pobre, y que en otro momento no se habrían atrevido a aparecer por los lugares consagrados a los elegantes, se paseaban en medio de los ricos, con la cabeza tan alta como ellos, con aires de satisfacción».

Recuerdo que en los tiempos de los taxis G7 cuadrados y bicolor (rojo abajo y negro arriba), un viejo conductor —camisa gris, boina, un Gitanes Maïs apagado en los labios— me dijo un día, con el inimitable acento de los rusos blancos: «En Francia, señor, nunca ha habido y nunca habrá revolución». No sabría cómo aconsejar a los expertos para que meditasen sobre esta predicción.

ORIGEN DE LOS TEXTOS

Algunos de los capítulos de este libro fueron publicados previamente:

«Algunas arrugas de más»: prefacio para la edición inglesa de *L'invention de Paris*, Verso, otoño de 2009.

«El sombrío París de *Las flores del mal*», en *Le Magazine littéraire*, marzo de 2002.

«Junio de 1848, un aniversario silencioso», en *L'Humanité*, 14 de junio de 2008.

«El París romántico: los pobres y sus barrios»: epílogo para R. Villermé, *La Mortalité dans les divers quartiers de Paris*, La Fabrique, 2008.

«Colaboración y fotografía», en *CQFD*, mayo de 2008.

«Zona de sombra»: epílogo para *Paradis infernaux*, Prairies ordinaires, 2008.

«La última barrera», en *Le Monde*, el 7 de marzo de 2009.

*París
en tensión. Urbanismo e insurrección en la Ciudad de la Luz* es el
séptimo libro de la colección La muchacha
de dos cabezas. Compuesto en tipos Dante, se
terminó de imprimir en los talleres de KADMOS por
cuenta de ERRATA NATURAE EDITORES en septiembre de dos
mil once, sesenta y un años y seis meses después de que
Ivan Vladimirovitch Chtcheglov, más conocido como Gi-
lles Ivain, poeta, pintor, pensador, activista político y des-
cubridor del Continente Contrescarpe, fuera detenido
en el Café *Les Cinq Billards* de la rue Mouffetard, después de ser delatado por el mismo hombre que le
proporcionó la carga de dinamita con la que el
artista pensaba, tal vez homenajeando
al viejo Breton, volar el engendro
lumínico de la Torre Eiffel.